郑 华 著

老年教育空间设计指南

Guidelines for Elderly Educational Space Based on Successful Ageing Theory

——基于『成功老龄化理论』——

上海人民出版社

本书受2016年上海高校青年教师培养资助计划资助

目　录

图 目 录

表 目 录

中文摘要

本书主张老年教育是帮助老年人实现“成功老龄化”的工具之一，而老年教育环境设计的介入对提高老年教育质量与提升老人的社会参与度等方面有着重要的意义。

本书的目的是提取老年教育空间的设计因子，并按重要度排序，将设计因子分类并阶层化，从而开发更加系统的老年教育空间设计指南。为了达到这一研究目的，本书围绕“作为老年设施与教育设施的综合体——老年教育空间中所需的设计因子都有哪些?”这一问题做了大量的文献调查。即以国内外著名的老年空间设计指南以及学校设计指南为母体，提取了可用于我国老年教育空间设计中的设计元素。为了搭建设计因子的重要度层次以及研究对其产生影响的因素，本书针对 20—80 岁年龄段内的 460 个样本进行了问卷调查。并根据调查结果在最终设计指南中加注了各项因子的重要度排序、是否为必备项或可选项，以及对于“成功老龄化”的贡献属性，以便相关人员可根据具体需求选择性使用。

结合调查结果，在老年教育空间设计中需注意的内容如下：

在老年教育及老年教育环境的意识方面。

研究结果显示，大部分老人已经意识到了人到老年也需接受再教育这一现实性需求。但相比老年人口的数量，老年教育的普及率还处于低水平状态。老年教育环境也只是由运营方单方面提供，设计者很少采用老年人参与型设计方法等以使用者为中心的设计手段，而对于什么是理想的老年教育环境，老年人自身也没有基本概念，绝大多数人对于老年教育环境的认识普遍停留在普通教室和老年活动中心等最基本的样式框架中。

关于开始接受老年教育的时间点，多数人认为应该在50—60岁退休时。对于参与老年教育的主要目的，大部分参与者表示是为了退出工作一线后仍有地方可去，并非是为了自我提升与自我再开发。这虽符合老年人的社会活动延续需求原理，但与未来社会的发展趋势相差甚远。

在教育内容方面，与以二次创造价值为目的的技能型教育相比，对健康教育与兴趣爱好开发教育的需求更占主导位置。这与目前我国老年人的生活状况基本一致，并基本满足了当前老年人的主观需求。也说明了目前我国老年人对于老年教育的主观需求与现实性客观需求间还存在较大的差距，即主观需求低于客观需求。这与发达国家大多数老年人所追求的先进型老年教育样式也具有一定差异，而这种差异的形成主要受儒家文化中的孝道等传统文化以及传统养老方式的影响。大多数的人认为退休老年人就应该享清福，学习、劳动与生产只是年轻人的事。因此，大部分老年人都以退休为转折点，停止了学习和发展，变相加速了其自身被社会淘汰的速度。因此本书认为，在老年教育内容方面，应以老年人目前的意识高度为基础，在开设健康与兴趣爱好等课程的同时，也应顺应社会的变化趋势，鼓励老年人关注专业教育、生产教育，以及职业教育，引导其积极预防在未来各老年阶段可能遇到的各种问题。

另外，在老年教育环境方面，调查结果表明影响老年人教育参与度的最大阻碍因子为“行动不便”和“安全隐患”等问题，即身体的环境适应能力退化可能导致的行动障碍和安全相关的问题。因此，教育环境的设计，应积极运用无障碍设计、通用设计、健康设计等老年设计理论，并为老年人提供有效的环境支援，使各年龄阶层的老年人都容易接近并使用。考虑到大多数老年人都患有慢性疾病这一特点，在教育环境的设计中，需积极添加基于医疗知识的专业性健康设计，并且在心理层面，也要考虑到大部分老年人因社会功能的下降和经济能力的减退处在身心衰弱并需要重新适应的阶段。因此，老年教育设施在环境设计上加强心理亲近感及心理适应性的同时，也应同步提高教师与管理人员的态度等服务品质，帮助老年人适应退休后的新生活，预防忧郁，以达到保持心理健康的效果。

总结以上内容，本书认为在发展高质老龄化社会的道路上，开展老年教育是必不可少的工作。那么，如何做好老年教育工作？首先要引导老年人及其周边人共同改变对于理想型老年生活的意识形态；其次要大力提高老年教育普及率，全面开发益于现状、符合未来趋势的老年教育课程，将老年教育的能量最大化。在环境的设计上，应主动挖掘老年人的身体、心理、社会性等各项空间需求，并予以相应的环境支援，使老年人在健康安全的教育环境中继续学习和发展。

在老年教育环境设计方面，需重点考虑老年教育空间的必备设计因子。

本书将老年教育空间的设计因子分为三大一级因子，即工具因子、气候因子以及空间因子。调查结果表明，在老年教育空间的一级因子中，人们对气候因子的重视度最高。这取决于室内气候不仅与老年人的身体局限性直接相关，同时也是决定室内舒适度的重要因子。而在二级设计因子中，重要度平均值依次为：屏幕、空气、热度、温度、湿度、地面、照明，其最高重视点还是气候因子。而在所有三级详细因子的评价中，人们对于安全性的重视度最高，如安全警报系统、紧急出口、地面的防滑措施、方便疏散撤离的轮椅专用席位置、家具的安全性、防止坠落事故的栏杆、防止跌伤的门槛去除、制热设备的安全隐患去除、地板材料的拼接平整度、门缝的防夹手装置、防止跌伤的地面高差去除等都是排前十位的重要因子。其次是与健康、舒适性相关的内容，包括空气的质量、适宜老年人视觉特点的照明种类、座位及家具摆放后过道的通畅性、适宜老年人的温度与湿度等。最后，在支持学习活动的工具因子中，只有屏幕的高度与屏幕的视野范围被评价在前十位以内，由此可见实际上比起对授课质量，授课时身体的舒适度更受大家关注。

总结以上内容，研究发现在老年教育空间设计因子中，人们最为重视的是安全因子，其次是健康性因子，然后是舒适性因子，最后才是教育性因子。

在老年教育空间需求的影响因素方面。

研究结果表明性别、年龄、学历、生活水平等因素均对老年教育空间的需求呈现不同程度的差异。这一结果证实了笔者的"'老人'并非单一群体，因此，在老年公共设施的设计中，在了解老人群体共性的同时，也需要尊重老年群体的内在差异性，并且需要小心处理共性与个性之间的关系，从而避免一些老人因自身的相对小众性而无法接受老年教育"这一社会统合性设计观点。

在"成功老龄化"支援性方面。

以教育为途径提高老年人的生活品质，最终帮助其实现"成功老龄化"，这是老年教育的目的之一。在此观点中，"成功老龄化"可以说是一个终极目标。因此，在老年教育环境中应尽可能考虑到"成功老龄化"的支援性，其中包括身体、心理以及社会・生产性三个层面。然而研究结果表明，目前为止，老年教育空间的设计指南主要围绕着身体层面的支援性，而对心理层面和社会・生产性层面支援性的考虑非常欠缺，基本只能满足基础性学习与活动需求。

综上所述，迄今为止，老年教育环境基本只是作为最基础的物理工具，以最常规的四方空间内摆放简易桌椅的教室形式呈现。当老年人的身体各项功能退化，无法适应老年学校时，这些老年人就会被定义为学习能力低下的群体，被排除于教育受益者行列，并被推入以休闲娱乐为主的纯养老模式。基于中国的传统意识，大部分老人和子女都认为"有所依、有所乐"才是最理想的老年生活状态，忽略了"有所学"以及"有所为"能够给老年人带来的积极影响，因而导致我国老年教育普遍存在侧重于娱乐，缺乏教育专业性的问题。而对于拥有 2 亿以上老龄人口的中国来说，这无疑是一种消极的应对方法。

对此，笔者认为我们需要通过创造健康、安全、专业的老年教育环境，提高老年人的教育参与度，帮助老年人在提高自立能力的同时，再次挑战社会，塑造新的社会角色，创造新的价值，以实现“成功老龄化”。

本书的意义在于，为老年教育环境提出了“成功老龄化”这一设计方向及目标，提出了基于老年人特性的、以使用者为中心的设计理念及其必要性，同时也验证了需合理统合老年人群体内存在的共性与个性的设计主张。与此同时，本书提取出了可实际应用于老年教育环境设计中的因子，并整理归纳了其设计因子的重要度层次，结合了具体参数等可直接用于实践中的内容，从而提高了该设计指南的应用价值。

本书的局限性在于，第一，其设计指南的范围未能覆盖整个老年教育设施，主要以学习空间为中心进行了研究。第二，在使用者为中心的设计理念实施上，主要以受教者为中心进行了研究，遗漏了老年教育空间的另外一组使用者，即教师、护理人员等老年教育现场工作者。第三，只点到了老年群体内存在需求差异，而针对引发其差异的背后原因并未进行深入的研究。

因此，在后续研究中，需重点围绕以上几点不足进行进一步深层研究。并需要在以此为前提进行具体对应式设计的同时，需对老龄群体未来可能面临的问题进行科学预测，并做好环境层面上的预防式设计，以辅助老龄化社会达到高质发展的目的。

关键词：老年教育空间、老年教育环境、老年学习空间、老年大学、老年教育、“成功老龄化”、老年教育空间设计指南

ABSTRACT

This study mentioned the elderly education as the tool for successful ageing and is performed under the hypothesis that the elderly education environment would play important role to activate the elderly education quality and participation of elderlies.

The purpose of this study is to draw the elderly education space planning elements and to develop more systemized space guidelines by layering the planning elements to be considered in the elderly education space through the evaluation of importance on the planning elements and the estimation of ranks. To achieve such purpose, in this study, the planning elements to be dealt with in the elderly learning space as the complex body of the school facilities and the elderly welfare facilities were extracted through the literature review and to identify the importance of the planning elements extracted and the factors having influences on the evaluation of importance, the questionnaire survey was conducted from total 460 persons aged from 20s to 80s. In addition, the planning elements appropriate for the purpose of use by area of the successful ageing in future were extracted and made easy to be used by verifying the successful ageing supportability of the elderly education space planning guidelines drawn previously through the successful ageing evaluation tools developed through the expert survey by relevant item. Based on the investigation results, the essential matters not to be overlooked in planning the elderly education space in future are as follows.

First, the perception of the questionnaire survey subjects on the elderly education and elderly education environment should be considered.

In the results of this study, most elderlies thought that the elderly education is important in the successful ageing and perceived that the elderly education environment is important in the elderly education. However, the participation rate in the elderly education compared to the number of elderlies is significantly low, which might be concluded as insufficient general perception on the elderly education. The elderly education space also has been provided unilaterally by the administrators not around the users and the perception and demands of the elderlies for the specific and detailed matters how the desirable elderly education environment should be built are low.

In addition, it is common that the period of retirement, which the social activities are interrupted, is recognized as basic participation standard for the elderly education and mostly recognized as 50s or 60s. This is explained the fact that there are lots elderlies who consider elderly education as succession of the social activities after retirement and place the importance that they may have where to go other than home. In the same context, while in the elderly education performed for the Chinese and Korean elderlies, the demands for the health and hobby education were high, it represented that the demands for the education for production activity were relatively low. This shows the elderly education trend different than the Occident, which is deemed to be based on the oriental thoughts such as lifestyle of old age based on the culture of filial duty.

Second, the essential elements of the successful ageing theory-based elderly education space planning should be considered.

The elderly education space planning elements can be divided mainly into the instrumental elements for learning activities, climate elements and spatial elements. All of theses three planning elements are very important, and particularly, in the elderly education space, the climate elements which are the elements directly connected to physical limit of the elderlies and determine the amenity at the same time, should be focused. Particularly, maintaining the appropriate indoor temperature, adjusting the cooling and heating, eliminating the danger of the heating equipments, and guaranteeing the quality of air should be paid attentions. These are the elements handled in priority when planning the space as an elderly facility and as the elderlies are the users, they should be considered essentially. In addition, since the main purpose of creating elderly education space is education, the elderly education space should not overlook the instrumental elements for learning. And the works to eliminate the hazardous elements likely occurred by the declination of elderlies' physical functions also are important. Therefore, in the elderly education space, appropriate space planning needs to be performed step by step according to the conditions such as budget of facility, etc. referring to the importance ranks of these planning elements.

Specifically, in case of detailed elements, the screen, air, heat, temperature, humidity, floor, lighting, door, other instruments, wall, tools, speaker, window and ceiling, in order can be considered and in case of overall detailed items, alarm system, anti-slip should be considered most importantly, and the quality of air, window for emergency, screen height, appropriate arrangement of seat exclusively for wheelchair, safety of furniture, installation of guard rail to prevent the falling accident, elimination of door sill to prevent the falling by tripping, etc. should be considered as essential items (for the specific details, see Chapter 4. Study Results).

Third, the factor having influences on the importance of the elderly education space planning elements should be considered.

The difference in the importance for the elderly education space is related to various factors such as nationality, age, gender, standard of living, academic level, etc. Therefore, in case of China, the type of cooling and heating, air circulation speed, location of windows need to be considered particularly in the climate elements. In the aspect of ages, the size of speaker as a tool to compliment the auditory loss for the elderly should be considered particularly and the physical demands of the elderlies for the head wind control should be considered essentially in the aspect of climate. In addition, as for the gender, the characteristics that the female users are greater and much sensitive for the environment and the difference in the demands by gender should be considerate.

Fourth, the supportability for successful should be considered.

One of the elderly education's purposes is to help the elderlies to enhance the quality of life in old age and ultimately to achieve the successful ageing through the path called education. Therefore, to promote the successful ageing, in the elderly education space, much upgraded learning environment customized for elderlies satisfying both demands for learning and the ageing characteristics should be built considering the supportability for successful ageing as much as possible.

To summarise, the elderly education has been implemented base on the basic physical instruments and physical space for learning so far, and when the learning function of the elderlies may be reduced and hard to use such basic instruments, it dealt with the elderlies as the group with learning disability excluding from the learning space users and converted them as the beneficiary of leisure education performed around the entertainment and leisure. For the retired elderlies, the leisure is important. However, in the aspect of learning, the act, which concentrates the elderlies into the leisure education only in the moment that the reeducation for the old age is needed, is merely the passive response and particularly, since in the current age, which the expected life is extended and the society is being developed rapidly, it accelerates the social selection of the elderlies, it is not desirable. Through the education for the old age, the foundation should be prepared in order to strengthen the ability of self-reliance, to make them challenge the society again, to perform new role and to create the new values. In such context, in this study, the elderly education space planning elements were extracted considering the characteristics of the elderly and the priority was estimated by their importance and based on them, the elderly education space planning guidelines were proposed.

Considering the fact that the demands between general youth and prime-aged users and the elderlies might be different, this study is deemed to contribute in creating user-oriented elderly education space. In addition, the guidelines proposed in this study is deemed to contribute to identify selectively what is the physical support to be provided essentially to the elderlies when considering economic condition in the aspect of management of elderly education space, too.

In addition, this study suggested that the demands for the elderly education space are different by the nationality, age, gender and standard of living, which implies that the practice, which plans the elderly education space overlooked the differences in internal and external characteristics of the elderlies, has problems. However, in the perspectives of social integration, since the separating the elderlies only by the standard of living or age may not be desirable, the efforts to promote the more advanced social integration considering the differences much closely are needed rather than the thoughtless integration.

This study has limitation in suggesting that there is difference in the demands of the users by the general characteristics and the subsequent research on the in-depth casual analysis why such differences are formed and the precise countermeasures having it as basic premise should be performed. The perception on the successful ageing may be different by the cultural area or by the period of experiencing it by individual. Therefore, the follow-up research on the environmental supportability of the successful ageing based on the more minute analysis is needed, too.

The elderlies have lost their social roles in the past partly but still importance social members and the problem of ageing is the problem for overall society. Therefore, the elderly education environment as a sociocultural foundation to prevent the elderlies from alienation needs to be built and the more deep research for that should be continued.

Key words: Elderly Education Space, Elderly Education Environment, Elderly Study Space, Elderly College, Elderly Education, Successful Ageing, Guidelines for Elderly Education Space Planning

第一章　绪　　论

第一节　研究背景与目的

随着经济水平的不断提高和医疗技术的飞速发展，现代老年人迎来了老龄化时代。据全国老龄工作委员会统计，截至 2013 年底，我国老年人口已超过了 2 亿，预测 2025 年将超过 3 亿，2033 年将超过 4 亿，由此可见，我国人口老龄化的规模及速度已经进入一个史无前例的阶段。与此同时，我国也进入了独生子女成为主要赡养主体的阶段，"四二一"新家庭结构的形成加重了家庭负担，更增加了家庭养老的难度，养老问题已成为一大社会问题。综上所述，解决老龄化带来的现实问题迫在眉睫。

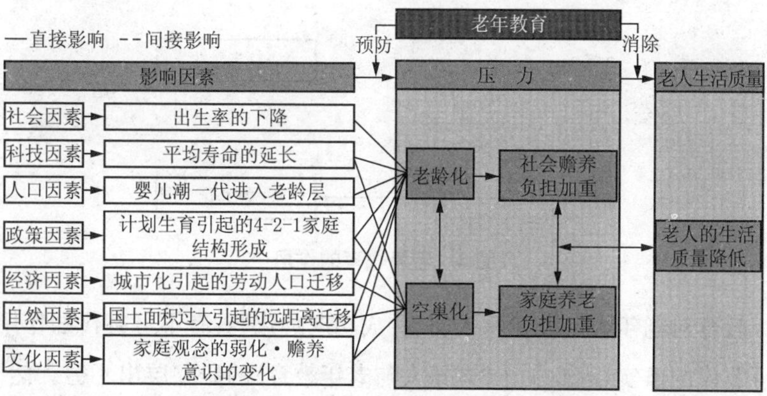

图 1　我国老龄化的影响因素及老年教育的必要性

在此背景下,作为解决老龄化问题的有效途径“成功老龄化”(successful aging)成为国内外新的热点议题。“成功老龄化”的概念始于1986年美国老年学会,从19世纪90年代开始应用于生物学、社会科学、医学等多个领域。“成功老龄化”旨在最大限度地提高老年人的自立自理能力,提高老年人应对身体老化、精神衰退、社会活动减退的能力,延长老年人的健康预期寿命,最终达到提高老年人生活质量的目的。而老年教育作为实现“成功老龄化”必不可少的因素,也开始受到多方关注。

老年教育对人衰老后的思考方式、价值观及生活模式的构筑产生重要影响(Jin-han Kim, 2007),能够以公开或非公开的方式防止老年人的智力减退、提高知识获取量并且能够缩小代际间的知识差距,帮助老年人适应急剧变化的社会(Yi-joung Kuon, 2003)。并且,老年教育具有提高老年人的社会参与度、生活满意度以及生活品质的作用,能够使老年人了解并学习晚年生活中所必要的信息和知识,从而更好地解决在晚年生活中所面临的困难,同时也能够给老年人提供社交机会以帮助老年人欢度余生,可以说老年教育是有效预防晚年孤独的手段(Book-gi Xin, 2006)。“成功老龄化”不仅是准备应对衰老的过程,更是以积极应对新生活的态度,也是通过自主学习创造将成人教育(Andragogy)作为一种生活方式的过程(Jin-han Kim, 2001)。

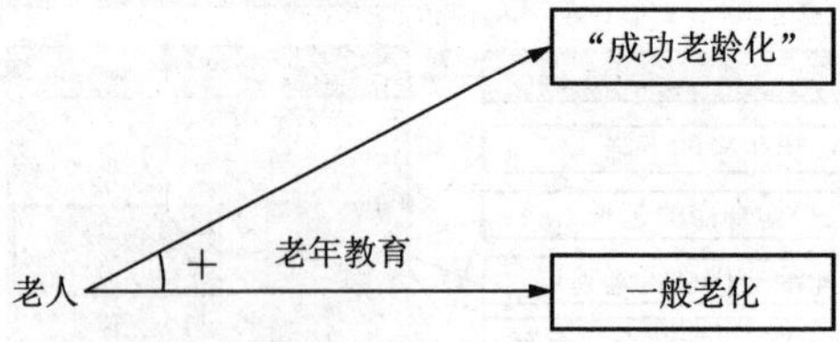

图2 老年教育的作用

教育对老年人以及老年人实现“成功老龄化”具有不可替代的作用是无可非议的事实,因此关于“老年人与老年教育”的研究层出不穷。然而,纵观国内外对于老年教育的研究,笔者发现大多研究都是从学习内容、课程偏好以及满意度的视角考虑要如何满足老年人的需求并提高老年教育参与度，而对于教育设施空间环境设计的研究与关注却很少。分析我国目前的老年教育环境问题，可总结为以下几点。

第一，从受教主体的角度来看，我国教育市场主要侧重于儿童与青少年，对作为小众群体的老年人的关注远远不够。

第二，从运营方的角度来看，老年教育多属于政府扶持下以公益性为主的福祉活动，缺乏市场性，存在着公办机构经营绩效差，民办机构生存艰难等现实性问题。

第三，从软件层面上看，中国老年教育模型未能反映中国社会的特殊性。中国老年教育主要以休闲娱乐项目为主，忽视了在快速发展的当今社会中，越来越长寿的老年人需要知识再充电这一现状。此外，我国大部分正在进入老年阶段的准老年人都曾经历"大跃进"时期、"文革"时期、计划经济时期、改革开放时期，这些老年人的教育模式、精神理念以及人生经历都与其他国家有着很大的差异。因此，我国应着重针对这一社会特殊性构建老年教育模式，以弥补历史性教育亏损，帮助老年人更好地适应未来社会的发展，度过美好的晚年。换言之，老年教育不应只是休闲娱乐的手段，而是要成为老年人提高自身各项能力的有效工具。

另外，目前的老年教育对象是广义上的老年人，包括提早参与老年教育的准老年人在内，其年龄层次在50—90岁。如此大的年龄跨度很显然不适合被一概而论。许竞(2017)也曾指出：由于成年人在各种社会活动中经历的事件或生活条件不同，因此年龄越大，经历越多，个体差异也就越大。这种差异也体现在他们对学习本身的自我意识和理解，以及对"学习活动"的判断和选择(Kolb, 1984)，即高龄人群的"学习偏好"差异。他们的学习偏好可表现在多方面，比如想学什么、如何确定学习取向，或者如何选择学习的场所及情境等(Conti & Wel-born, 1986)。迄今，仅有少数研究专门针对高龄人群的学习偏好。比如，赫姆斯特拉(Hiemstra, 1972)在调查老年人学习需求和学习兴趣时发现，他们的学习兴趣偏向于更具“表达性”的学习活动（比如增进生活乐趣），更喜欢参与“工具性”的学习活动，比如有助于应对老龄化挑战的学习活动。年龄差异也是导致成年人学习偏好差异的因素之一，这种与年龄有关的学习偏好差异同样反映在高龄人群中。因此，在软件层面上，老年教育有必要针对老年群体内部的异质性进行进一步的分析，并将其反映至教学内容的开发中。

第四，从硬件层面上看，首先，存在着教育空间与教育内容脱节的问题，空间未能为内容提供对口的服务。其次，老年教育空间未以老年人为中心去提供环境支持，仍然呈现固有的适宜青少年的教育空间形态，并没有充分考虑到老年人的身体、心理等特殊需求，这导致环境成为老年人接受教育的阻碍因子，使许多老年人而无法放心参与其中。

因此，本书认为老年教育环境需根据上述几点需求进行优化。那么如何打造一个适宜老年人的具有安全性，适应性，舒适性以及功能性的教育环境？本书将以“成功老龄化理论”为基础，探索以老年人自身需求为中心的老年教育空间优化方案。

为了达到此研究目的，本书将围绕以下框架与问题进行研究（见图3）。

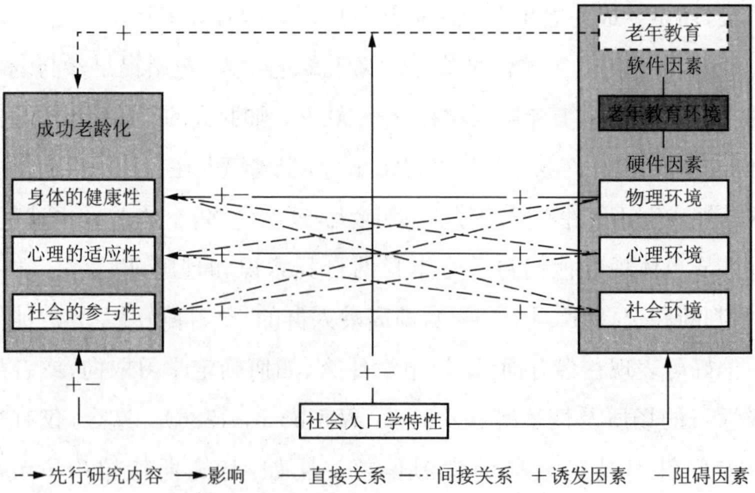

图3　研究概念图

老年教育环境作为影响"成功老龄化"的因素之一,可分为两个层面,一是以教育内容和教育活动为中心的软件层面,二是包括物理环境、心理环境以及社会环境等下层概念在内的硬件层面。其中,物理环境直接影响身体健康状况,心理环境影响心理适应能力,社会环境则影响老年人的社会参与度,而这三个领域是否达标是"成功老龄化"的基本标志。特别是对于身心各机能衰退的老年群体,硬件因素是影响老年教育参与度以及"成功老龄化"的重要因子,环境设计的好坏决定其成为诱发因素还是阻碍因素。此外,目前我国老年教育的侧重点基本在于以教育内容和教育活动为中心的软件层面,硬件层面还有待提高。因此,如何将老年教育环境中现存的阻碍因子转换为诱发因子,是本书的主要研究内容。

其研究问题如下:

1. 理论方面

(1) 什么是"成功老龄化"?

(2) 老年教育的介入对"成功老龄化"有什么意义?

(3) 老年环境设计的支持对老年教育以及"成功老龄化"有什么作用?

2. 设计方面

(1) 老年教育空间设计因子有哪些?

(2) 老年教育空间设计因子中,哪些属于必须纳入设计中的重要因子、建议因子及可忽略因子?

(3) 基于"成功老龄化理论"的老年教育空间优化指南应由哪些因素构成?

第二节 研究方法与步骤

本书的研究步骤如下:

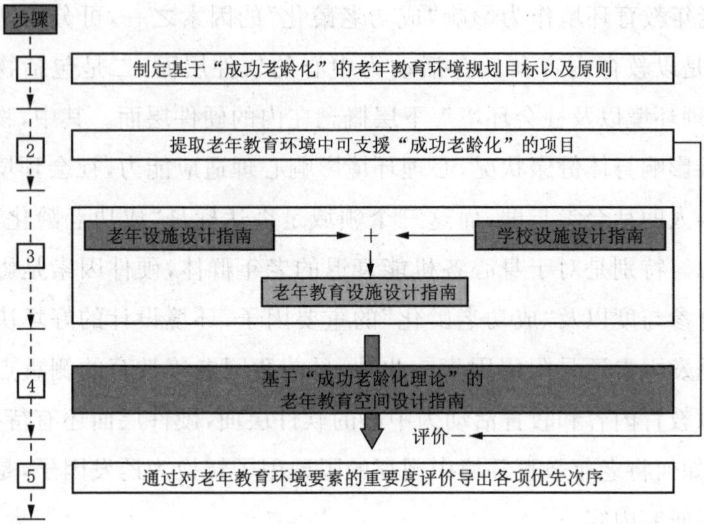

图 4 研究步骤

第一阶段:通过文献调查设定基于“成功老龄化”的老年教育环境规划目标及原则。

第二阶段:通过文献调查提取老年教育环境中可支援“成功老龄化”的因子。

第三阶段:结合通过文献提取出的老年设施设计指南以及学校设施设计指南将其复合化,由此构成老年教育空间设计指南的基本框架。

第四阶段:整理出老年学习环境设计基础指南。

第五阶段:通过问卷调查方法及 SPSS 统计方法了解指南中各项因素的重要程度,从而构建老年教育环境设计指南的层次体系。

第三节 先行研究与本研究的独创性

本书以开发基于成功的老龄化理论的老年人教育环境设计指南为目的。为达到此研究目的,首先对现有的具有代表性的学校设施指南进行了研究探讨(见表 1)。

表 1　先行研究目录:国外学校设施设计指标

序号	国外学校设施设计有关指标(制度/指南)
1	DQIFS(Design Quality Indicator for Schools)
2	西雅图教育厅学校设计目录
3	京畿道教育厅教育设施设计手册
4	学校建筑计划指标
5	未来学校设计的基本方向
6	Schools for the Future
7	21 Century Learning Environments
8	Building Bulletin 98: Briefing Framework for Secondary School Projects
9	KEBDI(Korean Education Building Design Indicator)

首先,对有关学校设施评估指标进行了先行研究(见表 1),并从代表性文献中选出了 Hyang-san You(1992)和韩国教育开发院(2011)的学校设施评价指标。Hyang-san You(1992)在评价学校建筑环境时,以环境压力为重点讨论了环境问题,具体将教育空间的压力划分为安全源的社会压力、噪音源的社会压力、给排水源的社会压力、污染源的社会压力、换气和采光源的社会压力、冷·暖源的社会压力,共 6 种社会压力。其中:

——安全源的社会压力包括:通勤方法和时间、建筑物高度、建筑物内的阶梯、书桌椅的使用方法、书桌椅的规格、所希望的书桌椅的安全色彩、墙上的黑板位置、希望的黑板的安全色彩、卫生间的位置 9 种内容。

——噪音源的社会压力可分为人产生的噪音、学校建筑内部(教室、走廊、楼梯的噪音)、学校外部的汽车噪音等。

——给排水源的社会压力是指给水源、排水源。给水源的二级项目包括供水量、供水质量等内容,排水源则包括下水道的恶臭程度、卫生间的污水处理情况。

——至于污染源的社会压力则包含卫生间卫生状况、垃圾处理情况等。

——换气和采光源的社会压力分为换气、采光源的通风感,光源的亮度等内容。换气、采光源的通风感是由教室的换气、采光源的通风感以及卫生间的换气和采光源两个内容组成；采光源的亮度也分成教室的亮度和卫生间的亮度来进行评价。

——冷·暖源的社会压力对教室和卫生间这两个区域进行了区分。

此外，2011 年韩国教育开发院以国内外各种学校设施评价指标为基础，重新建立了韩国学校设计质量指标(korean education building design indicator)。该指标的体系由基本方向、性能需求、具体指标 3 项组成，并通过层次分析法(Analytic Hierarchy Process, AHP)进行了一系列调查。根据对重要度值的计算，最终制定出 4 项基本方向、8 项性能需求、32 项具体性能需求以及 168 项具体指标。通过 AHP 计算出性能需求及详细性能需求项的重要度值，结果显示数值最高的是教育性能和安全性、舒适性。

综合 1992 年 Hyang-san You 提出评价项目和 2011 年韩国教育开发院提出的评价项目，我们可以发现时隔十年的两个评价项目中共同提及并重视的部分是安全性和舒适性。因此，在书中，将以两个代表性评价标准共同提及的安全性和舒适性这两个基本方向为基础，添加老年教育空间中的基本功能，即教育功能，制定研究的基本方向，相关内容将在第四章第二节中具体说明。

另一方面，本书也针对老年设施进行分析。其中，重点分析了韩国最近提出的有关老年人设施规划的代表性指标——首尔市提出的综合社会福利馆评估指标，分析结果发现此评估指标主要由基本方向、空间结构、空间细节、项目(program)空间以及公用空间组成。其中：

——在“基本方向”中提到的内容由设施感的最小化、安全的环境、舒适健康的环境、与地区社会的沟通等内容构成。具体包括：是否给人留下亲切的形象；是否使用了具有温馨感的材料；是否对各类用户进行了考虑；是否满足各种交通手段的使用；是否考虑到了老年人、儿童等多种年龄段的使用者特性；是否为不同语言、不同智力、不同年龄的人提供了方便识别的信息；是否为了方便通行和防止事故发生去除了地面高差、突出物等危险因素；等等。

——“空间结构”内容包括：各教室、活动室的配置和空间利用是否有效；是否打破了以走廊为中心的划一性空间结构；是否以项目特性为中心设计了空间结构；是否为多样的使用者形态提供便利安全的动线；等等。

——“空间细节”提及的是入口是否为了安全将步行路和车道分开设置；停车场的乘车空间是否方便轮椅上下车等内容。此外，公共空间的设计上，讲堂的设计是否确保了紧急状况时用于疏散撤离的安全通道便于老年人和小孩等多样的使用者使用。教室、活动室周边是否为使用者和同伴提供了休息室和可亲近大自然的户外庭院等内容。在餐厅空间的设计中，提到了餐桌的间隔是否方便轮椅使用者的通行；清洁、污物的动线是否明确并便于厨房人员的工作；卫生空间的设计上，无障碍卫生间是否方便残障人士使用；是否给陪同人员提供了具有母婴室功能的多功能卫生间。在儿童活动较多的楼层，是否设置了至少 1 个儿童可以使用的马桶和洗脸盆；是否分别在男、女卫生间内都有设置导向标识以及标识是否明显，便于识别。移动空间的设计上，包括了走廊里有没有妨碍通行的障碍物、色彩、标识等因素；是否有助于让使用者明确自己所在的位置和方向；是否方便寻路；台阶是否容易识别；始末两端和每个阶梯的边界线是否明显；电梯是否设置了便于观察内部情况的玻璃窗；职员空间是否提供了便于职员休息的空间；等等。

通过分析以上内容，我们发现教育空间的设计标准与老年设施的设计标准中大部分内容是不同的。然而，老年教育空间作为老年使用者为主体的场地，在需要满足老年人的各项特殊需求的同时，又要具备基础的教育功能。

因此，本书提出，老年教育空间应是学校设施和老年福利设施复合化的综合型环境。

第二章 理论研究

第一节 “成功老龄化”的定义与范畴

“成功老龄化”是对于“老龄化”这一无人可幸免的必然结果赋予正能量的理论。“成功老龄化理论”于1986年在美国老年学会上被首次提出，并开始应用于各大领域。但在“成功老龄化理论”被提出的初期，也有很多学者就“什么才算是‘成功老龄化’”、“成功的标准又是什么”等问题提出疑问，也有人反驳“成功老龄化”的相对概念是“失败的老龄化”，认为是对普通生理现象的负面否定。对“成功老龄化”的概念、标准以及相对性概念都存在着争议。

为完善这一具有争议的概念，J.Rowe & R.Kahn(1987)用“普遍性老龄化(usual aging)”的概念与“成功老龄化”区分开来，并认为疾病率、认知水平以及身体功能是其影响因素，特别将主动积极的社会参与视为最重要的因素，而Baltes & Bales(1990)则将老龄化分为了无疾病状态下的正常老龄化，有疾病状态下的病理性老龄化，身体、心理、社会各方面处于良好状态的“成功老龄化”三种；Roos & Havens(1991)则将可独立行动、无疾病或残障、不居住在养老设施中、无抑郁症的状态定义为“成功老龄化”；Featherman(1992)则称“成功老龄化”应有助于个体和社会资源的发展。

在此之前，美国麦克阿瑟基金会(Macarthur Foundation)始于1984

的纵贯研究结果显示，对健康和功能的总体能力、亲和关系等社会关系的参与、教育水平和对生活能力的自信是“成功老龄化”的主要因素。

结合本书的研究，老年人教育环境不仅对教育内容本身有支持作用，还能成为老年人退休后同社会关系断裂的情况下，扩大社会关系网并建立个人社会资源的平台。

此外，根据对“成功老龄化”的外延概念的理解以及视角的不同，学界还存在“生产性老龄化”（Productive Aging）、“进步性老龄化”（Radical Gerontology）、“意识性老龄化”（Conscious Aging）等类似的概念（Ju-hyeon Kim，2007），具体内容与特点如下（见表2）。

表2 “成功老龄化”的相似概念

区　分	价　值	特　点	类　别	出　处	实　践
“成功老龄化”（Successful Ageing）	健康 生存	生活满足 成功	个人 向上型	疾病率的降低 J. Rowe & R. Kahn，Successful Ageing	健康的 增进
“生产性老龄化”（Productive Aging）	成就劳动	生成力 生产性	经济 效率型	活动理论 S. Bass et al.，Achieving a Productive Aging Society	劳动时间 的延长
“进步性老龄化”（Radical Gerontology）	社会正义 公民权益	多样性 抗议	政治 平等型	政治经济学 C.Esters，The Aging Enterprise	进步的 政治
“意识性老龄化”（Conscious Aging）	精神的 求道者	超越老年 自我实现	个人自我 实现型	超越个人 Z. Schacher，From Ageing to Sageing	生平回顾 冥想

与将老年人的生产性视为重要问题的国际社会相比较，我国老年人在过去担当着尤为重要的社会以及家庭角色，而现代老年人的社会及家庭身份与地位明显降低，作用也大幅度下降。大部分老年人已经没有家庭决策权，并且人们普遍认为有所住、有所依、有所乐就是幸福成功的理想型老年生活。尽管发达的医疗技术已经使老年人退休后的生命周期达

到了整个人生的近三分之一甚至更长，但老年人仍然没有意识到要通过再教育重返社会，重建社会地位以及家庭地位。国外的“生产性老龄化”概念在国内很容易被误解为是子女的不孝。因此，散步、下棋、跳广场舞、帮子女照看孩子成为了我国老年人的主要生活模式。同样，对于平民阶层的老年人而言，以政治平等为中心，以政治权利活动为主要概念的“进步老龄化”理论的应用范围也比较狭窄。相比之下，以自我超越、自我实现为主要关键词的“意识老龄化理论”是在观察和解决中国老年人问题时可应用的理论。

综上所述，先进老龄化理论和平民意识的不一致导致大规模的中国老年人在退休后很自然地接受了与社会的断裂，因此，关于理想型老龄化的模式，我们有必要以中国的意识形态和其问题点为基础，建立一个具有中国特色的同时还能与国际潮流相结合的理论基础。

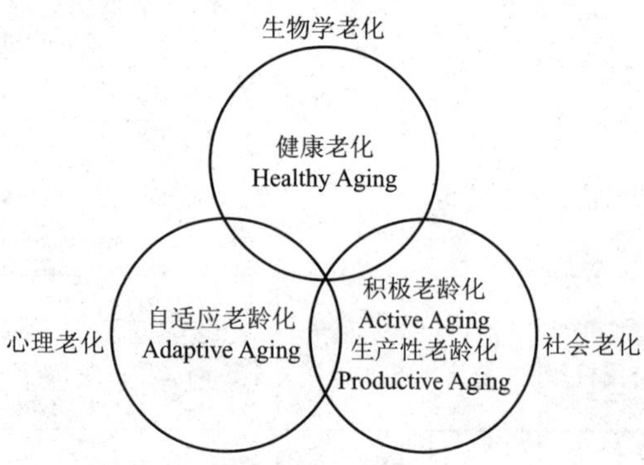

图 5 “成功老龄化”的范畴

对于“成功老龄化”的具体内容与范畴，自 1986 年首次提出后，各学界对它有相似却并不完全一致的定义，但大多都认同“成功老龄化”是指身体、心理以及社会机能处于最佳状态的老龄化(见图 5, Jin-han Kim, 2001)。在为明确“成功老龄化”的构成元素的诸多研究中，首先被关注的是老年人的身体健康状态，但随着研究的成熟，逐渐将心理、社会经济特性等因素也纳入到其中。具体内容如表 3 所示。

表3　“成功老龄化”的三大领域及内容

区　分	内　　容
生物学领域	没有疾病或障碍，即使有也对生活不造成影响，在日常活动上拥有独立的身体功能
心理领域	对生活的目标意识明确
	维持健康的认知能力
	自我接受能力
	自我控制能力
	信赖自身的能力
	谋求自身的成长
	良好的环境应对能力
	对生活的主观满意度
社会领域	维持社会关系网
	老年收入储备
	参与生产活动

第二节　老年教育的定义

老年教育是为了提高老年人的生活质量，向其提供教育努力的实践过程。老年教育属于终身教育范畴，是终身教育的最后阶段，具有非形式上的社会教育性质。它是老龄事业的重要组成部分，是社会公益性事业。通过老年教育使老年人的人格和能力发挥作用，为老年人提供自立和为社会贡献的机会，并以此来避免老年人被边缘化问题的产生。总之，老年教育是使老年人继续社会化的一种过程。

老年教育可以使老年人提高应对所面临的各种挑战的能力。任何时代的老年人都面临着自身变化和社会变化的种种挑战，在社会发展剧变的时代,老年人对挑战的主观感觉十分明显。如今我国正在从计划经济走向社会主义市场经济,社会的生产方式和生活方式都在剧变,因而老年人也面临着生活变迁、观念革新与自我完善等挑战(司荫贞,2001)。

资料来源:In-hak Lee 等:《对最近教育的理解》,JiSa 出版社 2013 年第 2 版。

图 6 老年教育的定位

第三节 现代老年人的教育需求

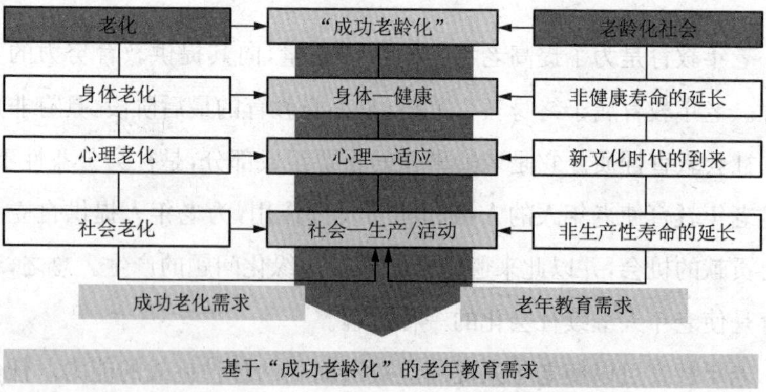

图 7 基于"成功老龄化"的老年教育需求

一、非健康寿命的延长与健康老龄化需求

随着医疗发展，长寿老龄人口的数量正在急剧增加。但是，这种期待寿命的延长主要局限在量化层面上，实际上是延长了相对非健康的寿命。因此，如何使老年人的在健康状态下长寿是老龄化社会的重大课题，而健康包括身体、心理和社会等全方位的健康。其中，身体的健康是贯穿其他领域健康的主要因素，也是实现"成功老龄化"的最基本要求。

二、新文化时代的到来与老年人的心理需求

新时期我国新的文化发展理念的全新树立和逐步落实，为我们的文化发展带来一种新气象和一个新境界，有学者认为我们正步入一个"新文化时代"。这个新文化时代就其功能和结构而言，是一个"文化经济"和"文化科技"互动共建的时代（于平，2013）。在这样一个现代知识型社会，知识寿命正在逐渐缩短，即使是过去用长时间学习积累的知识，也很快就会被淘汰。因此，如果不进行持续的学习，很快就会进入"知识衰退期"。据统计资料显示，目前全球90%的知识体系是在近30年构建的，而其知识的有效期为5—7年（史世强，2011）。因此，很多先行研究都提出了终身教育的必要性。从老年人的角度看，信息技术的运用能力差距以及代际间知识结构的差距，导致适应社会的难度越来越大。因此，为了适应变化中的社会，老年人对于终身教育的需求逐渐增强。

三、非生产性寿命的延长与老年人的社会活动/劳动参与需求

首先从社会层面来看，由于老龄化的加重，社会的老年人赡养负担将会增加，而低出生率导致的经济活动人口减少将使家庭赡养功能减弱。核家庭化、出生率的下降、女性社会的到来、经济活动的增加、居住生活的变化也都对子女的赡养体制提出的挑战。因而，年轻层的赡养意识减少，而老年人的自立需求增大。由于劳动力的老龄化，老龄人口人力资源的必要性也会增加。此外，老年人非生产期因寿命的延长而延长，因此，老

年人的社会生产活动增多将会成为不可避免的事情,因此,作为应对手段预计将会出现终身职业体制。

这样的社会变化因素不仅会给老年人本人,还会给其家人和社会带来压力。而在进入压力阶段之前,适当的老年教育可以预防这样的压力,在进入压力阶段以后的老年教育将起到消除或缓解压力的作用,并且可以通过将此作用最大化,提高老年人的生活质量。值得一提的是,中国应该对人口老龄化的特性及影响因素进行具体的分析并提出有针对性的老年教育,使这些人的压力减少到最低程度。

第四节 老年教育对"成功老龄化"的作用

老年教育作为实现"成功老龄化"的必然选择,也开始受到多方关注。"成功老龄化"的概念从19世纪90年代开始应用于生物学、社会科学、医学等多个领域。"成功老龄化"旨在最大限度地提高老年人的自立自理能力,提高老年人应对身体老化、精神衰退、社会活动减退的能力,延长老年人的健康预期寿命,最终达到提高老年人生命质量的目的。而老年教育作为实现"成功老龄化"必不可少的因素,也被纳入到其中。

关于老年教育对"成功老龄化"的积极作用,Jin-han Kim(2007)认为老年教育对人衰老后的思考方式、价值观及生活模式的构筑有重要影响。而 Yi-joung Kuon(2003)认为老年教育能够以公开或非公开的方式防止老年人的智力减退、提高知识获取量,能够缩小代际间知识差距,帮助老年人实现代际共融,并适应急剧变化的社会。Book-gi Xin(2006)则称老年教育具有提高老年人的社会参与度、生活满意度以及生活品质的功能。老年教育能够帮助老年人解决晚年生活中所面临的困难,也能够使老年人接触到更多晚年生活中所必要的知识,同时也能够给老年人提供社交机会以帮助老年人欢度余生,老年教育是有效预防晚年孤独的手段。

而 Jin-han Kim(2001)则提出"成功老龄化"不仅仅是准备衰老的过程，而是积极应对新生活的努力，也是通过自主学习，创造以成人教育(Andragogy)为生活方式的一种过程。另外，Schule(2005)也提出，通过继续教育获得的产物可以分为人力资本、社会资本、认同性资本，而这三种资本的形成正是老年教育的终极目标和最终落脚点(见图 8，韩国教育开发院，2007)。

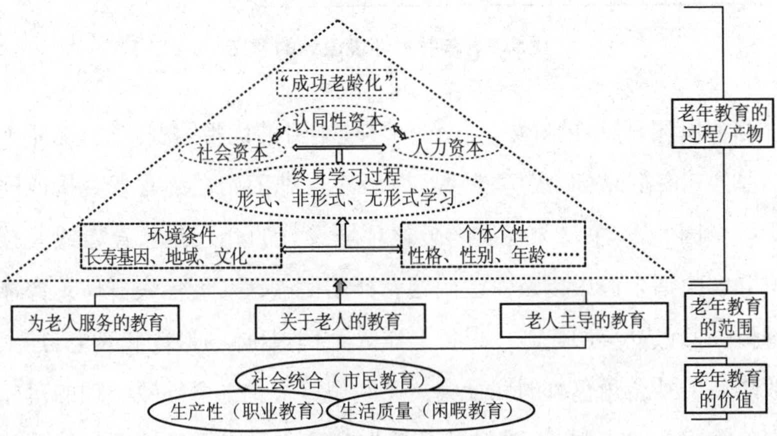

图 8　基于"成功老龄化"的老年教育 3 次元模型

第五节　老年环境设计的介入意义

如图 9 所示，进入老年期之后，老年人受着来自内部及外部的双重冲击，即来自老化的冲击及新文化等来自外界的冲击。因而，在老年人的"成功老龄化"需求增大的同时，作为可帮助老年人达到"成功老龄化"的手段之一，学习需求也同时被扩大。为了满足这样的学习需求，老年教育诞生并发展至今，但所谓老年教育不仅需要软件层面的教育内容的开发，也需要良好的教育环境去支撑，从而加大老年教育的效果。

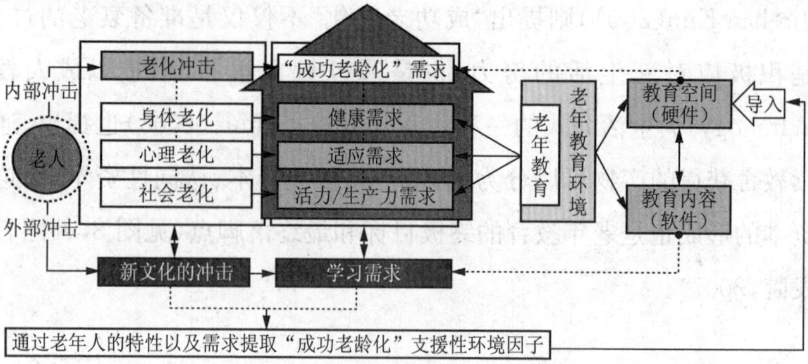

图 9 老年教育环境设计的意义

综上所述，环境的好坏不仅仅是环境本身的优劣问题，它对老年人的生活品质、情绪、认知、疾病、健康、损伤甚至对于死亡都有着直接或间接的影响。因此，本书认为优质老龄化环境设计的介入能够直接或间接地影响和解决诸多健康以及安全问题。如图 10 所示，老年人群体镜像体现在身体、心理、社会层面。以退休老年人为例，身体的退化和衰老，加上退出职场后的社会角色减弱和社会关系断裂等变化都会导致心理的落差与抑郁。如不及时克服，长期积累不断恶性循环会使得身心更加脆弱。因此，对于此时期的老年人，富于包容性的安全的自理环境是保障身体健康

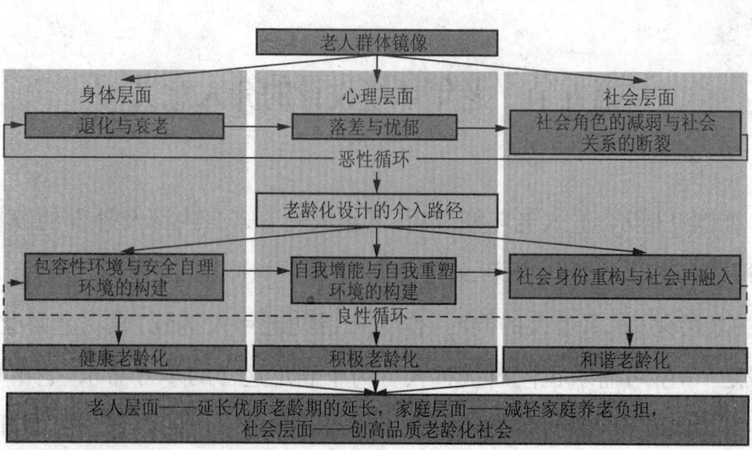

图 10 老龄化设计的介入意义

的基础条件，安全舒适健康的环境在帮助老年人实现自我保护的同时，还能帮助其实现自我增能、自我重塑，优秀的老年公共环境更是可以帮助老年人建设身心新格局，重构社会身份，从而实现社会再融入，最终实现健康、积极、和谐的"成功老龄化"。而这种积极正能量的集合对帮助老年人延长优质老龄期、减轻家庭养老负担、建设高品质老龄化社会都有积极的促进作用。

因此，为了建设支援性强有力的老龄化环境，设计师有必要深入了解老年人的实际需求。本书认为大部分后续问题都来源于健康的衰退。因此，本书将从本源出发，首先从健康问题入手去探究环境。

第六节 老年环境相关理论

一、环境压力理论

空间环境是承载所有行为活动的场所，它既是一切行为活动的物理平台，也是影响、改变，甚至是决定行为轨迹的重要因素。老年人作为较特殊群体，对环境的需求具有一定特殊性。关于环境对老年人的支援性，以及环境与老年人之间的关系，很多学者各有见解。

为了便于理解老年环境，Lawton(1973)提出了关于老龄化环境的理论框架并探讨了以老年人为中心的个人因素与环境因素之间的相互作用。其中，个人因素包括了身体健康、功能性、认知能力、情绪功能、生活质量和效率性以及熟练度。环境因素则包括了老年人的居住环境以及社会环境。而就两者间的关系而言，老年人的个人能力越低，环境的压迫指标数值越高，老年人的综合能力的高低取决于老年人个人能力水平与环境水平是否相匹配。

Busse(1969)也称疾病和环境的压力加快了基本的老化，而老化则会加大老年人对疾病和环境压力的需求。同时，Jazwinshi(1996)也认为在老年人的生命慢慢消耗殆尽的过程中，产生主要影响的是遗传因素与环境因素。遗传因素包括先天性遗传以及后生性遗传(epigenetic)，环境因素则包括身体的损伤、环境的压力以及疾病的出现(如图 11 所示)。

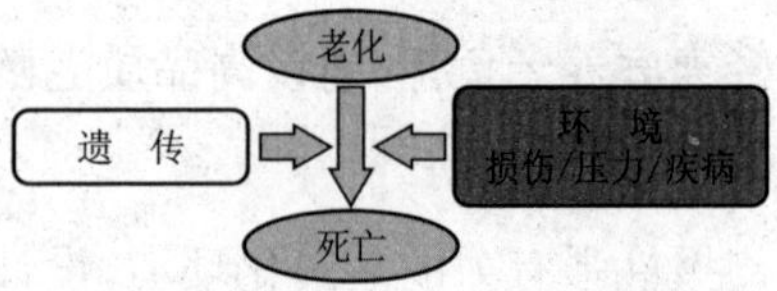

图 11 环境对老化的影响

一般来说，环境的某种要素或条件一旦脱离了对环境的标准或规范，就会产生不良影响，其就会引起压力，而对于此类压力，人们通过日常的调节和改变规范及标准进行适应，或者产生身体以及精神疾病的病理现象(图 12，Yeon-sook Lee，2002)。

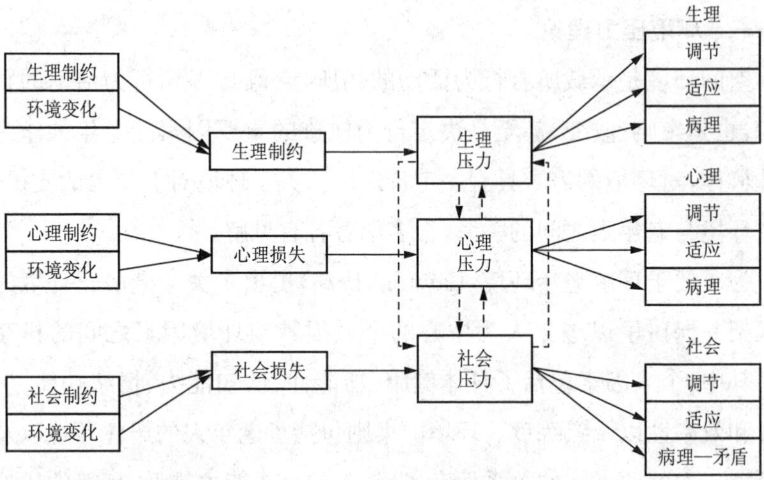

图 12 环境压力关系图

而对于环境压力源，Lazarus & Cohen(1977)将其归为突发事件(cataclysmic events)、个人压力源(personal stressors)、背景压力源(background stressors)三个范畴。背景压力是日常的并且持续反复的，虽说没有突发事件以及个人压力带来的影响大，但其效果是潜移默化的。此外，如多种因素同时发生，就会导致较强的压力，有时会比突发事件以及个人压力严重。例如，长期裸露于噪音源与通勤压力等。对老年教育而言，在主观层面普遍属于个人压力范畴，但老年教育空间则属于背景压力的范畴。对因身体不便而感到生活不便的老年人来说，环境支援性的好坏是造成背景压力产生或消除的直接原因。因此消除这种环境压力源有助于使老年人认可老年大学这一安全保障的空间，在此影响下，老年人教育的参与率势必也会有所增加。

二、健康环境理论

关于"成功老龄化"与健康、疾病之间的关系，Schultz & Heckhausen (1996)指出身体健康属于"成功老龄化"的范畴，也是"成功老龄化"最基本的要求，身体健康是"成功老龄化"的重要指标。Rowe & Kahn(1998年)也指出身体是否健康的测定指标通常就是是否患有疾病，并强调避免疾病是实现"成功老龄化"的重要因素之一。针对"成功老龄化"与慢性疾病的关系，美国 alameda country 也通过 1984 年至 1990 年的纵贯研究证实了关节炎、糖尿病、哮喘、慢性肺炎这 4 种慢性疾病以及因其而起的抑郁症对"成功老龄化"都会产生负面影响。Jong-han Pak(2006)的研究也从相同视角验证了慢性疾病是主观健康性、老年人的生活质量以及"成功老龄化"的重要影响因素。由此可以总结，健康是"成功老龄化"的首要条件，而慢性疾病作为负极内容属于"成功老龄化"的阻碍要因，有必要将其影响降到最低直至排除。

一般意义上的健康是指无疾病的安宁状态。根据 Yeon-sook Lee (2006)对总体健康(total health)的描述，健康包括以生理健康为基础的身体层面上的健康，以情绪、灵性以及心理健康为基准的精神层面上的健康，还有以参与社会活动时所呈现的社会心理健康为中心的社会层面上的健康三大方面。

图 13 健康的分类

那么，如何让老年教育环境为各项健康状态服务，设计师需掌握老年人的各阶段疾病特征、空间需求（见图 13），从而做好预防、维持、治愈以及提升的方案，以实现帮助老年人保持（maintaining）最基本的健康水平这一设计目标。在日常学习生活中，预防引发自卑感的残疾状况的出现，使健康的生活成为可能（enabling）。治愈（healing）身体以及心理疾病并恢复身心健康状态，从而可以提高（promoting）生活质量（Yeon-sook Lee，2006）。

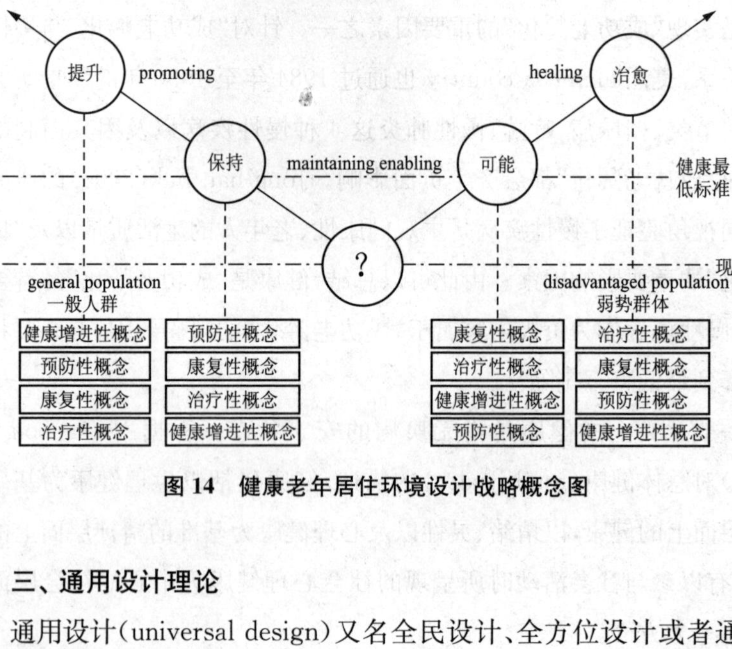

图 14 健康老年居住环境设计战略概念图

三、通用设计理论

通用设计（universal design）又名全民设计、全方位设计或者通用化设计，是指无需改良或者特别设计就能为所有人使用的产品、环境及通信设备等。它所传达的意思是：如果能被失能者所使用，就能被所有人使用。不论年龄、性别、是否残疾、身体尺寸、身体能力、经济阶层、人种等，通过设计实现社会平等是通用设计的最主要目的。

始于无障碍设计（barrier free design）的通用设计，现已不仅仅为残疾人、老年人服务，而是容纳多种能力和整个生命周期。这样的发展不是把残疾或不便的身体机能看作特殊情况，而是源于每个人都具有的自身特点，从个性的视角看待问题。每个人都具有不同的身体条件和能力，并且由于这种多样性会随着年龄、社会发展等影响因素而产生变化，因此有必要原原本本地包容这种多样的个性。通用设计是指能够最大限度地满足使用者要求的环境设计和产品设计，它能够使更多的人使用更为便捷的产品。

Yeon-sook Lee（2006）在《通用设计》一书中提到，通用设计的概念起初适用于实际产品和环境的设计，后来为了将它作为环境评价的标准加以使用，其原理逐渐得到了发展、分化。经过几年的努力，有关通用设计的很多原理被整理并公布于众，但当“通用设计”这个名词第一次出现时，人们仅认为它是一个“出色的设计”，广义上也不过被视为“为了大众的设计”。而单凭这样的简单描述，很难使大众真正理解并使用通用设计的出色的且具有革命性的概念。

通用设计最初的四个原理分别是支援性设计、适应性设计、可及性设计、安全性设计。

但是，后来这个标准被评价为太过抽象且不足以表现通用设计的特点。因此，为了具体揭示其特点，于是便归纳出了现在广为知晓的七个原理。但这七个原理太过具体，使其在表现实际具有的通用设计之潜在性时，呈现出了一定的局限性。反而容易让人狭隘地理解通用设计的发展，未能充分的体现通用设计在未来发展的可能性。

下面将对引领通用设计发展的通用设计中心所揭示的四个原理和之

后完成的七个原理加以简要的介绍。

通用设计的七个原理：

(1) 公平使用：对任何使用者都不会造成伤害或使其受窘；

(2) 弹性使用：涵盖广泛的个人喜好和能力；

(3) 简易及直觉使用：不论使用者的经验、知识、语言能力或集中力如何，这种设计的使用都很容易了解；

(4) 明显的资讯：不论周围状况或者使用者感官能力如何，这种设计有效地针对使用者传达了必要的资讯；

(5) 容许错误：将危险或因不经意的动作所导致的不利后果降至最低；

(6) 省力：有效、舒适及不费力的使用；

(7) 适当的尺寸及空间供使用：不论使用者体型、姿势或移动性如何，这种设计提供了适当的空间大小以供操作及使用。

通用设计的七个原理被广为应用，但 Park-jeonga 等(2000)也对这七个原理太过具体化、缺乏说服力的观点表示了赞同，并重新整理出更易于将现象进行概括理解的五个原理，主要内容如下：

通用设计的五个原理：

(1) 机能上的支援性(supportiveness)。

——是否在机能上提供必要的帮助。在提供帮助的过程中不能造成任何负担，拓宽空间产品所具有的支援性的种类和机能的特性；

——环境的物理构成要素是否能从机能上辅助使用者行态的特性。

——在使用时是否以最小的体力消耗使之得到有效的使用；

——操作物理要素的使用者能否有效率地控制环境；

——现有的空间构成和配置能否与它在其空间内所期望的行动体系保持效率上的一致；

——位于空间里的物理要素能否适当地支持工作中的使用者的身体的特性。

(2) 适应性(adaptability)。

——是否对能力不同的人都有用、可贩卖,对象是否为普通人;

——商品和环境多样的变化是否满足大多数人们的要求;

——是否包容个人的多种嗜好和能力;

——是否具有可选性、变更可能性、可调节性等特性;

——是否可以灵活的调节环境,以包容未来可能发生的使用者的行动变化。

(3) 沟通的效率性(communicability)。

——无论使用者的经验、知识、语言、能力、专心度如何,完成品是否容易被理解,设计物所持有的支援性是否容易被所有人认知;

——外显设计是否按照符合环境所期待的特性而设计;

——无论使用者的能力如何,完成品是否有效地传达必要信息,以便容易认知信息(危险、使用方法、指示、方向等)的传达;

——作为动作发生的背景,环境是否作为在其内部发生的主要活动的知觉性背景易于进入人们的感观;

——环境是否按照暗示使用者如何做动作的方式进行了设计。

(4) 舒畅性。

——是否增进健康与福利,是否具有改善及预防功能,可改善式即可以为了排除安全事故等问题进行改善,可预防式即在未发生安全事故之前防患于未然;

——是否能够将因非意图所为的行动而产生的不利结果和障碍最小化;

——是否将焦点放在了错误和障碍的预防上;

——是否有造成伤害或者危险的环境因素;

——是否存在来自环境的、诱发伤害和危险的环境因素;

——是否预防了变化和变形导致的、在未来可能发生的危险要素;

——是否控制了导致工作和生理不适的室内刺激性因素;

——是否控制了对使用者造成不快及危险的外部因素；

——环境的气候条件能否在生理上带给使用者舒适感。

(5) 可及性。

——是否保持着排除障碍物的状态，是否能够改变给许多人造成妨碍或有威胁的物理环境；

——是否提供不论使用者的身体大小、姿势差异，而都能够得着、适于操作的大小和空间；

——环境是否引导了端正的社会行为；

——是否为了有效地进行社会上的相互作用，可以持续地获得外界事物活动信息的特性；

——环境的特性是否能有效地辅助社会的相互作用及沟通。

后来，Yeon-sook Lee 相继对通用设计原理进行了进一步的探索，推出了通用设计 996 原理。

Yeon-sook Lee 称 20 世纪工业社会的设计未能慎重考虑其对人类、社会、生态界产生的影响就已经进入了商业主义大量生产中，从而导致了其设计的肤浅性。为了对此进行弥补，应以有深度、有价值的设计充实其内在。她运用了“BEAUTIFUL UNIVERSAL DESIGN”这些字母，揭示出了 21 世纪通用设计的性质以及未来的发展方向。她认为 21 世纪的设计总体上将向着追求 Deep、Ethical、Sensible、Integrative、Gentle、Nourishing 等特点的方向迈进。

在上述 21 世纪设计的含义上附加“通用”的含义，并从“UNIVERSAL”这 9 个字母上所理解的含义是 Usable、Normalizing、Inclusive、Versatile、Enabling、Respectable、Supportive、Accessible、Legible。

996 原理说明如下：

——**D**eep。有深度的：并非进行肤浅的包装而是含有引人深思的理念；

——**E**thical。具有伦理性的：基于公益性与尊重人类及生态界的伦理；

——Sensible。贴合感性的:统合人类的感觉机能,并给予肯定的呼吁;

——Integrative。具有统合性的:在总体上具有设计应具备的多方面性,不能隔离或排除使用者;

——Gentle。亲切的:与使用者和谐互动;

——Nourishing。滋润的:如同营养丰沛的食物一般,具有滋润生活的特性。

前面提到的通用设计(UNIVERSAL DESIGN)若要取得进一步的发展,就应以“BEAUTIFUL UNIVERSAL DESIGN”的形式得到肯定,为此需要进一步满足的特性可以用 BEAUTIFUL 这 9 个字母来解释,即:Benign、Enhancing、Adorable、User-friendly、Touching、Inspiring、Flexible、Useful、Loving。这些词汇的特性与其说是通用设计的条件,倒不如说它们是提高保障发展可能性的潜在性所需要的特性。对用以上的24 个字母所诠释的 21 世纪的设计“BEAUTIFUL UNIVERSAL DESIGN”进行综合的图示化后产生下图(见图 15)。其基本大意为欲成为“通用”首先应满足“21 世纪设计”的特点,其次要进一步发展成为响应

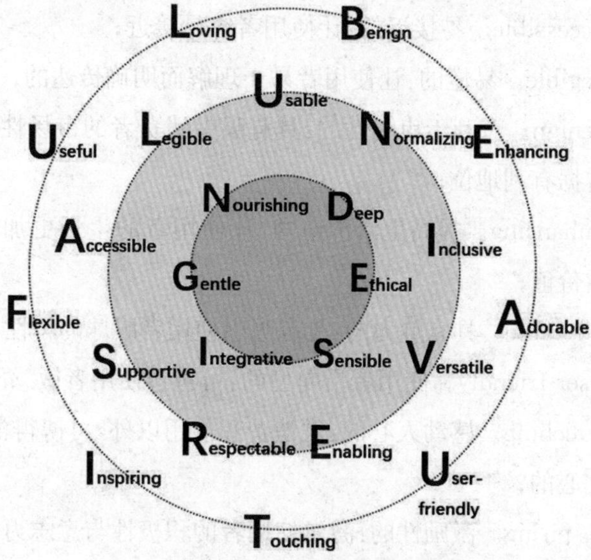

图 15　996 通用设计原理

度高的通用设计，则需再符合“BEAUTIFUL”的特点。

——**U**sable。易使用的：不会为使用者带来不便或干扰的情况，易于使用；

——**N**ormalizing。非差别化的，以求正常化的：使用者不会感到被歧视或疏远，可以自然地融入集体；

——**I**nclusive。包容多样性的：并非局限于狭小范围内的群体，而是包容和满足范围更广的使用者；

——**V**ersatile。多功能的：并非仅有一个机能或特性，而是具有多样的性质并且彼此间相互补充，可以选择使用；

——**E**nabling。鼓舞可能性的：振奋使用者而非使他们陷入绝望、放弃或退步；

——**R**espectable。感到受尊重的：使使用者有自信和威严而非挫伤他们的自尊心或使他们感到自卑；

——**S**upportive。支援活动的：使使用者挑战身心机能的极限，帮助他们更容易地适应日常生活；

——**A**ccessible。易接近的：让使用者容易接近；

——**L**egible。易懂的：让使用者易于理解而明确传达的；

——**B**enign。有利于市场性的：具有吸引消费者的市场性，在经济竞争社会中占据有利地位；

——**E**nhancing。提高生活价值的：让使用者的生活更加愉快，实现更高的生活价值；

——**A**dorable。具有魅力的：具有吸引使用者眼球的特性；

——**U**ser-friendly。使用者指向型的：可包容使用者敏感的要求；

——**T**ouching。感动人心的：供消费和使用以外，可博得消费者的感动和感激之心的；

——**I**nspiring。激励性的：激发使用者的积极性与意志力的；

——**F**lexible。灵活性的：根据不同的情况和心情，可以随之变化或选择性使用的；

——Useful。机能上效率性高的：具备能有效地满足使用目的的功能；

——Loving。给予真挚的情感和心意的：具有让使用者可以体会到设计者心意的效果。

以上内容是关于通用设计的理论及原则。由于其生理上的衰老，身体机能逐渐衰弱，在衰老的过程中，老年人的行动能力、体力与气血、视觉、听觉、触觉及对冷热的敏感度会逐渐衰退。这种身体上的变化，最终会导致老人失去方向感，使心理更加脆弱。老年通用环境设计可以通过提供适当形态的物理支持和行动指示，增强方向感，提高心理素质。不仅如此，通用设计对老年人的心理也有较大的影响，并随着年龄的增长其影响也逐渐加大。人进入老年期以后较典型的精神及心理上的变化有：记忆力丧失或减退、抑郁症、内向及依赖性增加等。因此，与正常人相比，客观物质环境对老年人的影响较大。除此之外，在衰老过程中，比起身体和精神上的变化，老年人感到更为吃力的是适应社会。离开工作岗位、挑战新环境受挫、与家庭成员和朋友之间的关系疏远等，在心理和情感上都会给老年人带来负担。许多老年人仍然充满活力，处理情感和社会关系的能力也依然存在，所以他们希望有独立权、控制权、选择权和隐私权，希望与他人亲密交往。为此，设计师在为老年人进行教育空间设计时，不仅要强调其医疗和技术上等身体上的支持，还要从根本上重视老年人的心理和对社会的欲求。即，“老年福利”是指通过保持老年人生活质量的平衡，减少社会福利机关的负担。而要做好老年福利工作，首先要从改善空间环境开始做起。

第三章　老年教育的发展现况

第一节　国外老年教育的发展过程

根据岳燕(2012)所述,国外的老年教育开始于20世纪70年代初期,老年教育的最重要的目的是通过教育使老年人适应退休所带来的变化。老年教育最早源于法国,由于法国从20世纪中叶就进入了老龄化社会,在老年教育方面的举措较多,实施较早。1973年,皮埃尔·维勒斯(Pierre Vellas)教授在图卢兹大学创办了世界上第一所"第三年龄"大学,即老年大学。这所老年大学是从办暑期大学开始的,招生对象为各行各业的退休人员。三年后学员数由几十名涨到上千名。后来"第三年龄"大学在法国逐渐推广开来,到20世纪90年代初期已办起290所,在校学员达10万余人。课程包括以延缓生理老化为目的的体能锻炼;以预防老年病为目的的卫生保健;以提高对国家与时代的认识与责任感为目的的文学、历史、政治、法律、时事研究。有些学校还设有社会学、老年学课程。随之,英国也成立了全国"第三年龄"大学学会,它的分支机构遍布全国,"第三年龄"大学在英国国内被大量创建。加拿大则是在某些正规大学设立了老年教育中心,一方面培养老年专业人才,另一方面根据老年人的需要开设专门的老年教育课程。在教育内容及方法方面也双管齐下,一方面为老年人提供学历教育,一方面利用大学已有的音像设备和多种通讯媒体为老年人提供远程教育。澳大利亚在20世纪80年代成立了"第三年龄”大学，芬兰则是面向老年人举办了诸多资深公民大学，它们都是在高等学校内部建立的。而瑞士作为福利强国也早在 20 世纪 70 年代就有了老年大学。

表 4　国外老年教育的发展

法　国	20 世纪 60 年代 U3A 时期之前：老年游学营（Elderhostel）以及文化教育项目形式 20 世纪 70 年代：U3A 正式出现 1971 年：主张终身教育的公营教育思想 1972 年：最初提议创办对老人大学 1973 年：创办最初的 U3A Toulouse 大学 20 世纪 80 年代：成立老龄大学联盟（UFU3A），（提供以高学历以及提前退休老人为中心的老年项目）
英　国	20 世纪 50 年代后期——60 年代初期：开展退休前的教育运动 1981 年：最初的 U3A 设立于剑桥，开展自助教育运动
德　国	20 世纪 60 年代：开展娱乐以及照料概念的老年教育 1971 年：补办 U3A 为主题的第一届国际研讨会 20 世纪 80 年代：推动以开发老年能力为目标的教育项目
美　国	20 世纪 50 年代中期：开始关注老年教育 1965 年：《老人法》的通过 1970 年：通过老化行政厅的支援在地区社会大学等地扩大老年教育 1971 年：第一届“关于老人的白宫会议”召开，扩大对老人的学习的潜力与可能性的意识 1975 年：开办老年游学营项目 1981 年：第二届“关于老人的白宫会议”召开，强调自立的概念、主张教育权利、强调教育与训练、积极奖励再就业项目

放眼亚洲，日本和韩国也都非常重视老年教育。日本在文部省的领导下，由市町村教育委员会主办了高龄者大学、老年学院、老年体育大学、老年福利大学、长寿大学等学校，还举办了各种活动班和培训班。韩国则从 20 世纪 70 年代起开始创建了许多的老年学校，各个成人教育会、大韩老年人会、佛教界和社会团体也参与了老年学校的管理和运营，老年教育呈现欣欣向荣的发展态势。

第二节 我国老年教育的起源与发展

中国的老年人大学(老年人学校)的建校始于 1983 年。刘平生(2010)指出我国的老年学校的产生是由于 1982 年因国营企业的大规模结构调整而导致大量失业人员的产生。为了让这些离开职场的人员,特别是高职位干部们退休后有所为、有所精神寄托,并适应社会的变化,开设了以书法、美术、健身等内容为主要课程的老年学校,后发展为面向全民的老年教育设施。发展至今规模宏大,全国各地都有自己的老年学校(大学),主要从事非学历教育,依据老年学员的兴趣爱好开展活动。纵观中国老年大学的发展历程可分为以下几个阶段:1983—1985 年为初期开创阶段,1985—1988 年为探索开拓阶段,1988—1996 年为推进开拓阶段,1996 年至今为普及与提升阶段。

而在 2007 年老年教育进入创新期,中国老年大学迎来了第二次发展和创新的高潮,据中国老年大学协会统计,2013 年国内老年大学等类似机构逾 5.9 万所,在学人数超过 600 万(李晶等,2014),而同年我国 60 岁及以上人口数量达 2.2 亿,可见在老年大学学习的人数占比依然很低(袁新立等,2014)。近年各地老年大学普遍存在“一座难求”和学员多年不毕业现象。就此推测造成老年大学现状的原因,一方面,老年大学是稀缺资源,若按现行模式运营和发展,随着目标人群占比越来越大,其吸纳能力必将日显不足;另一方面,当前这类教育服务与供给可能对另一部分高龄人群缺乏吸引力(孙传远,2013)。这有可能根源于其课程与教学内容尚不能满足部分潜在目标人群的学习需求,且对其学习偏好缺乏周全考虑(许竟,2017)。另外,比起数量的增加,其质量没有太大的突破,特别是在空间层面的研究更是少之又少。

第三节　我国老年教育的类型及特点

国内老年人可以接受教育的设施可分为老年大学、继续教育院以及老年活动中心三大类。其中，老年人参与率最高的是老年活动中心。老年活动中心是在老年设施中夹带了部分学习功能的场所，其特点是以使用者需求为中心，设施的老年支援性较强，以娱乐活动为主，但教育功能很弱。另外，老年人可以参与教育活动的设施还有提供终身教育的继续教育院，继续教育院是在学校设施中带有少数老年学员的设施，其特点是教育专业性较强，但由于老年学习者是少数，在环境的设计上老年支援性相对较弱。相比上述两种，老年大学可以说是前两者的综合体，有相对较强的教育专业性，同时也具有中等水平的老年支援性设施（图 16）。

但因目前我国参与老年教育的主要对象是尚属健康的老年人，对于老年支援性层面上的重视程度还远远不够。为了使老年人的教育可以持续发展，可消除安全隐患的老龄化设计需进一步推广至各个老年教育空间中。

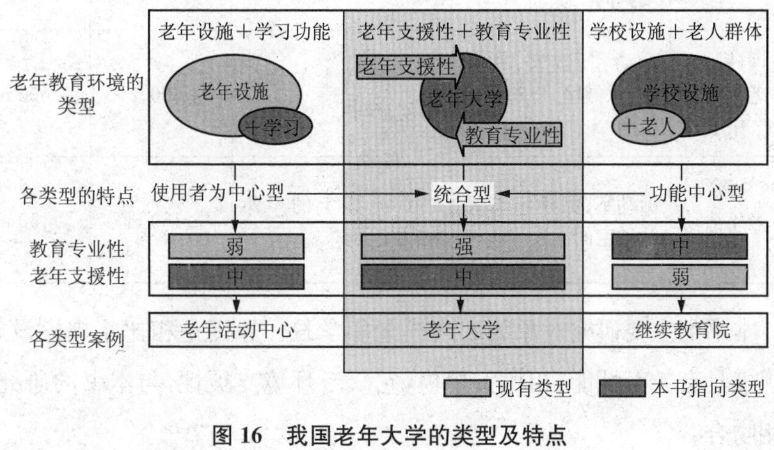

图 16　我国老年大学的类型及特点

第四节 我国老年教育设施的规模

据中国老年建筑规范(2006)表述,老年公共设施的规模可分为市(地)级、区(镇)级、社区级三个等级。分别为市(地)级老年大学(学校)、市(地)级老年活动中心、区(镇)级老年活动中心、社区级老年活动中心。其中,大、中规模的设施提供教室、阅览室等教育功能。小规模社区活动中心基本以提供娱乐场所为主(见表5)。

表5 老年教育设施的规模

规模	设施名称	设施要求	规模要求	面积	
				建筑	用地
大	市(地)级老年大学(学校)	一般教室、多功能室、专业教室、阅览室、户外活动空间	开设班级5个以上、独立的学校建筑与用地	≥1 500 m²	≥1 500 m²
大	市(地)级老年活动中心	阅览室、多功能室、语音室、舞蹈室、娱乐活动室、休息室、户外活动空间	独立建筑与用地、户外活动空间	1 000—400 m²	2 000—8 000 m²
中	区(镇)级老年活动中心	活动室、教室、阅览室、保健室、户外活动空间	300 m² 以上的户外活动空间	≥300 m²	≥600 m²
小	社区级老年活动中心	活动室、保健室、户外活动空间	150 m² 以上的户外活动空间	≥150 m²	≥150 m²

本书的主要研究对象为中规模老年学校。原因是相比小规模设施,中规模具有教育性能;相比大规模,它缺乏环境支援性,与本书的研究目的相吻合。

第五节　我国老年教育设施的基本构成

针对老年教育环境的空间单位，根据每个设施的运营目的与预算等条件，每个老年学校的空间构成都有所不同。本书根据研究的需要，将老年教育设施的基本构成设置为“外部交通空间”、“室内交通空间”、“卫生空间”、“学习空间”以及“休闲活动空间”5 大空间。其中，本书的重点研究对象为“学习空间”(见图 17)。

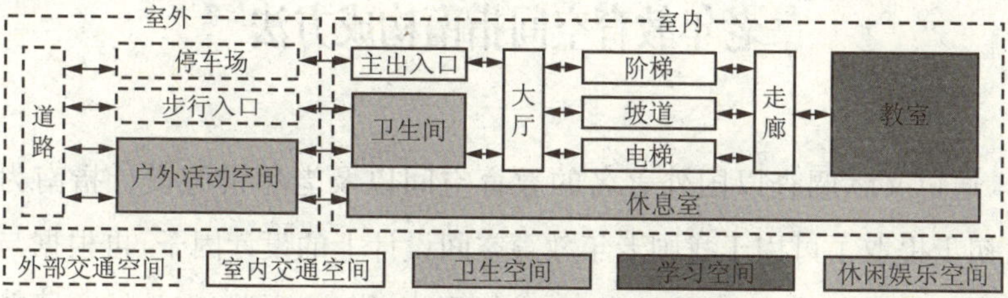

图 17　我国老年教育环境的基本构成

这是因为，本书认为目前的老年教育空间普遍未以老年人为中心去提供环境支持，仍然以固有的适宜青少年的教育空间形态呈现，并没有充分考虑到老年人的身体、心理等特性与需求，导致环境成为了老年人接受教育的阻碍因子，使许多老年人因安全隐患无法放心参与其中。合理科学的环境设计具有保护老年人的身体安全，增加老年人的精神舒适感，提高老年教育参与度，增强教育效果的作用。因此，理想的老年教育环境设计，应将老年教育硬件层面上的物理环境与软件层面上的教育内容有机地结合起来，最终使物理环境可以更好地承载其教育功能。

第四章　基于“成功老龄化理论”的老年教育空间设计因子分析

第一节　基于“成功老龄化理论”的老年教育空间指南构成方法

通过文献调查以国外著名的教育空间以及老年设施设计指南为母体，初步提取了可用于我国老年教育空间设计上的设计因子，再根据与老年教育空间的适用度以及关联度，进行删除、修改、完善，有效结合了老年设施指南中的老年支援性与学校设计指南中的教育专门性，从而构成了老年教育空间设计指南（见图 18）。

并制定以提取重要老年空间设计元素为目的的有效问卷项。进行了问卷调查，并算出老年教育空间元素的重要度层次权数和总排序，分析影响老年教育参与度的诱因以及阻碍因素，并根据权重量标注每项指南的重要度，将其完善并阶层化，为搭建老年教育空间的设计战略提供主观依据。以完成内容覆盖面积广，但具有严谨体系的设计战略，以便老年教育部门根据需求进行选择性使用。

用于本书中的教育空间以及老年设施设计指南如表 6 所示。

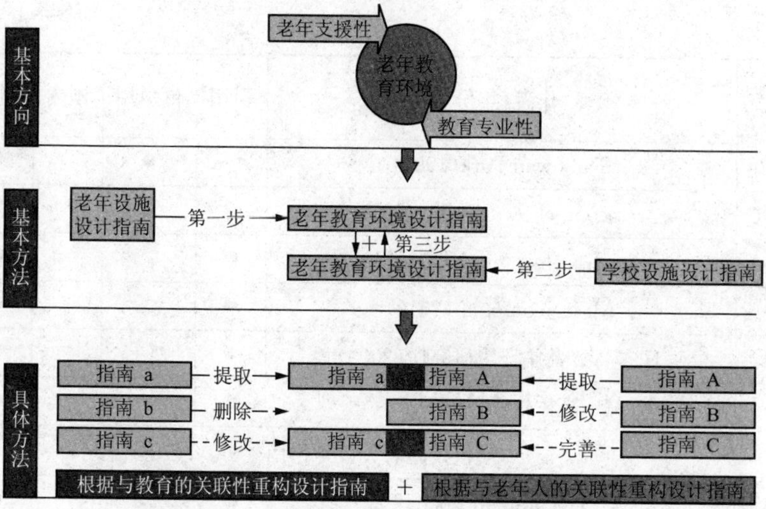

图 18　老年教育空间设计指南的构成方法与步骤

表 6　参考资料目录

文献代码	作者(年份)	引用	再引用	国内	国外
老年设施有关设计指南					
a	Yeon-sook Lee(1993)	●			●
a1	吉杰尔等(1997)		●		●
a2	法约尔(1980)		●		●
a3	美国建筑学会(1985)		●		●
a4	沃尔(1988)		●		●
a5	华易特(1993)		●		●
a6	Sun Jee et al.(1985)		●		●
a7	大韩住宅公司(1987)		●		●
a8	Ji-hye Lee(1987)		●		●
a9	Seong-ryong Go(1990)		●		●

（续表）

文献代码	作者（年份）	引用	再引用	国内	国外
a10	Tae-hwan Park(1991)		●		●
a11	Seong-cheon Kim(1991)		●		●
b	Mi-ja Jeon et al.(2012)	●			●
c	Mi-ja Jeon et al.(2012)	●			●
d	日本高龄者住环境研究所(2009)	●			●
e	高桥仪平(1996)	●			●
学校设施有关设计指南					
A	Yeong-ju Ju(2000)	●			●
B	Chun-geun Park(1980)		●		●
C	Knirk(1979)		●		●
D	Council of Education Facility Planners(1976)		●		●
E	学校经营实务(1982)		●		●
F	Brown(1972)		●		●
G	Haviland(1971)		●		●
H	Yeong-jin Go(1994)	●			●
I	Jung-sik Sin et al.(1995)	●			●
J	韩国教育开发院(2011)	●			●
K	周逸湖、宋泽方(1994)	●		●	

第二节　基于“成功老龄化理论”的老年教育空间设计因子分析结果

随着年龄的增加，老年人在身体上处于不利地位，因骨组织的弱化，容易暴露于许多危险中，而且视觉和听觉等感官能力和敏锐性的弱化，也对学习产生不利影响。因此，老年学习者需要从自身身体特性出发来设计的学习环境。桌椅大小、材质、教室的大小、颜色、内部装饰、照明的亮度、音响设施等物理学习环境都必须基于对老年人的生物学特性进行设计。

老年人的生物学特点对学习材料的构成和传达媒体的选择有着重要的启示作用。在使用文字资料时，活字的大小、深浅、形状等选择的过程中也要考虑到老年人的视觉能力。另外，在使用音响或话筒、幻灯片、ohp、vcr 等设备时，也需要考虑到老年人的感官能力。此外，经常发生在老年人身上的疾病和多种内部器官及功能的低下，在学习活动的时间安排和内容构成中也起到重要的作用。在课时的决定、活动时间的决定、休息或运动时间分配、维持活跃的活动和非活动性授课之间的均衡等方面也需要将上述老年人的特点考虑周全。例如，将上课时间安排在 1 小时以内，给予充分的课间休息时间，在适当安排散步等户外活动的同时尽量避免晚课等。特别是在心理层面，比起老年人的内在因素，妨碍老年人学习的更主要的原因是外部社会的偏见和环境，因此需要以更加积极的方法弥补老年人的生理缺陷以及衰退老化现象，即需要社会资源的分配和支援(Han Jeongran, 2005)。

从这一点上看，将老年人教育空间要素按照老年人的特点进行适当的规划是必需的。根据空间的属性应均衡安排活动空间和非活动空间。不仅需要室内空间及室外空间的适当均衡，而且还需要考虑这些空间的相邻等问题。

为了了解这些事项在各设施中反映到什么程度，并为了提取老年教育空间的计划因素，在本书中，对学校设施相关文献和老年人设施相关文献这两个领域进行了调查。

在第一阶段共收集了 280 个学校设施相关的详细空间设计指南。内容包括视觉系统、听觉系统、噪音、照明、通风及换气、热度、温度、湿度、窗、门、地面、家具等。

从整体内容来看，主要包括学校用地、法规限制条件、风水条件、地质条件、建筑所有人、用户意见、公共设施条件、走读距离、外部噪音、未来的扩张空间、室内面积等内容。在视觉环境中，包括屏幕的位置、高度、距离、照明的类型及学习环境中所需照度等内容。听觉环境则包括：扬声器的种类、位置、以及与学习者的距离为中心的声音系统、外部及内部的噪音环境等内容。室内环境的构成要素主要包括墙壁的形状和吸音、隔音的材料等内容。地板包括由于反光而产生的刺眼等内容以及清理与管理等内容，关于窗包括适宜学习的采光、温度的维持、换气等内容。还有各类空间所需的湿度标准，家具方面包括家具的摆放，学习家具的尺寸标准等内容。

另外，第一次收集的老年设施的细部空间设计指南共有 663 条，具体因子与学校设施有较高的相似度。其内容也包括视觉环境、听觉环境、温度、湿度、热度、换气与采光、地面、墙、窗、门等，但区别在于对于老年人的特性考虑的相对多而深。具体包括视觉环境中考虑到了老年人的视觉退化，强调了要使用老年人容易识别的颜色、导视与标识。温度、湿度以及热度等要素也讲到需根据老年人的身体条件而合理设定。如地板也强调需要考虑老年人的身体特征从而将防滑、去除高差等内容视为主要考虑因子。关于门，也重点提及适合老年人握力的门把手形状，可让老年人省力的闭合方式等内容。特别是对于从停车场到入口、大厅、台阶、走廊等公共交通空间的指南的数量远多于学校设施，并且对于安全性的重视度很高。

本书提出，老年教育空间是老年设施与学校设施的综合体，在满足教育性能的同时，还需满足老年人对于安全性与舒适性的基本要求，以下为以“成功老龄化”为目的的老年教育环境规划目标与原则（见表 7）。

表 7　老年教育环境的规划目标与原则

基本概念		
“教育＋福祉”复合功能		
主要规划内容		
学习空间		
基于“成功老龄化理论”的环境支援规划原则与方向		
身体健康性	心理适应性	社会活动性
—身体活动的维持 —慢性疾病的预防	—抑郁症的预防 —自我效能感的增进	—社会关系网的扩大 —社会活动的增进
＋		
为了缓解老年教育空间环境压力的规划原则与方向		
安全性	舒适性	教育性能

本书通过文献调查抽取出两大设施的设计指南与设计因子，与通过综合分析提炼筛选出了适用于老年教育空间的设计因子。其内容可归纳为以下三大一级因子，即满足学习需求的“工具因子”，对老年人的身体健康产生较大影响的“气候因子”，以及构成教室空间的“空间因子”。

工具因子主要包括屏幕（黑板）、音响（扬声器）、家具、照明灯等。

气候因子主要包括热度、湿度、温度、空气、通风换气等内容。

空间因子主要包括地板、墙、天花、门、窗等最基本的空间构成要素（见图 19）。

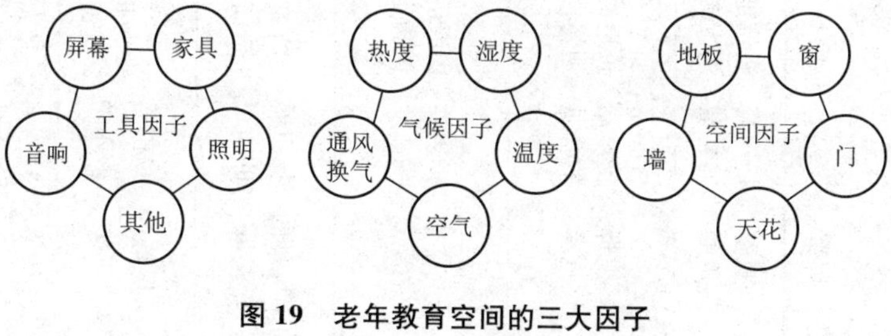

图 19　老年教育空间的三大因子

其下级详细因子如表 8 所示。

表 8　老年教育空间的设计因子

一级	工具因子					气候因子				空间因子				
二级	屏幕	音响	家具	照明	其他	温度	热度	湿度	空气	地面	窗	门	墙	天花
三级	观看角度	扬声器的类型	座位排列方式	照明的种类	插座的位置	适温维持	学生密度及热量	适当湿度维持	空气的质量	讲台高度	窗的位置	门的种类	墙的可变性	天花的种类
	视野范围	扬声器的音质	过道的通畅性	照明的位置	插座的数量	地面温度	消除制热装置的安全隐患	各空间湿度差异	空气流通速度	去除高差	窗的种类	闭合速度	墙棱角的去除	天花的颜色
	与学生的距离	扬声器的高度	固定座位的指定	照明的颜色	插座的延长线	各空间的温度差异	活动类型及产生的热量	加(除)湿装置	过堂风的控制	防滑	窗的大小	半自动门开关按钮的位置	前面突出物的去除	天花的高度
	屏幕的高度	扬声器的间距	活动特性	照明的亮度	饮水台的位置	冷暖气种类			换气装置	防止反射	紧急窗口	手动门的闭合方式	墙面材质	
	屏幕的大小	扬声器的大小	小组区域的设置	照明亮度的均匀性	饮水台的高度	冷暖气的调节			通风频率	地面弹性	栏杆	门的位置	前面的清洁及管理	
		扬声器声音的指向	私人区域的设置	照明的亮度可调性	饮水台的使用说明					地面噪音	视野	门的尺寸	墙面颜色	

（续表）

一级	工具因子					气候因子				空间因子				
二级	屏幕	音响	家具	照明	其他	温度	热度	湿度	空气	地面	窗	门	墙	天花
三级		消除传声障碍	家属区域的设定	亮度的变化	垃圾的投放					地面颜色	窗开关的高度	门的可视性	墙的隔音	
		有助于传声的空间形态	轮椅专用席	照明的清洁与管理	器具使用方法说明文的明确性					地面的清洁及管理	窗的闭合方向	门槛的高度	墙面可嵌入空间预留	
			座椅规格	照明开关的种类	室内消除设施					地面材料的拼接平整度	窗棂的样式	门缝防夹手装置	墙面安全扶手的高度	
			桌椅种类	照明开关的位置	标识字体					地毯的表面材质	光的调节装置	门把手的形状	墙面安全扶手的粗细	
			座椅颜色		标识的补充体系					地毯的固定性		门把手的材质	墙面安全扶手的连续性	
			座椅的可调性		公告板							门把手的位置	墙面安全扶手的安全性	

（续表）

一级	工具因子					气候因子				空间因子				
二级	屏幕	音响	家具	照明	其他	温度	热度	湿度	空气	地面	窗	门	墙	天花
三级			家具的材质		卫生间位置的导视								墙面安全扶手与墙面的距离	
			家具的安全性		警报系统								墙面安全扶手的材质	
			家具的位置										墙面安全扶手的末端形状	
			储物柜的位置										墙面安全扶手的固定性	
			储物柜把手的样式											
			家具的移动方便性											
			家具的维护与管理											

第五章　老年教育空间设计因子的重要度调查分析

第一节　老年教育空间设计因子与重要度的分析方法

为了了解教育空间设计因子重要程度、重要度层次，以及其影响因子，本书以前章节提取的设计因子为问项主体，在年龄范围 20—80 岁内随机抽样 460 个样本进行了问卷调查。以 50 岁为基准，将 50 岁及以上的样本归类为“准老年人/老年人”群组，即使用者群，再将 50 岁以下成年子女群体样本设为比较群进行了部分对比研究。目的是为了了解各年龄层对老人教育空间的不同意见。也因为年轻一代对新型教育设施的了解相对多一些。另外，在样本群组时，将“准老年人”列入使用者群的原因是因为准老年人是未来几年后的主要使用群，也因为很多早期退休的准老年人已经开始参与了老年教育。

由于本次调研的主要被试者——老年人的问卷应答能力有限，笔者针对 65 岁以上的老年人进行了访谈式问卷调查。整个调查时间为 2014 年 5 月 26 日至 2014 年 6 月 15 日。

问卷内容包括老年教育层面上的一般情况，具体内容有：对老年教育的认识分析，对老年教育的认知特点分析，老年教育的参与经验特性分析，老年教育的参与意向与要求分析等。问卷还包括老年教育空间设计因子的重要度分析，对老年教育空间设计因子评价产生影响的影响因素分析，以及各因素间关系分析。

具体调查内容如表 9 所示。

表 9　问卷调查内容

<table>
<tr><th>区　分</th><th colspan="2">分析内容</th></tr>
<tr><td rowspan="13">老年教育层面上的一般情况</td><td colspan="2">被试者的一般特性</td></tr>
<tr><td rowspan="4">对老年教育的认识</td><td>基于“成功老龄化”的老年教育的重要性</td></tr>
<tr><td>老年教育的时期</td></tr>
<tr><td>老年教育的内容</td></tr>
<tr><td>影响老年教育参与度的内在阻碍因子</td></tr>
<tr><td rowspan="3">对老年教育的认知特性分析</td><td>老年教育环境的重要性</td></tr>
<tr><td>对老年教育环境的认知</td></tr>
<tr><td>影响老年教育的参与度的物理环境层面的阻碍因子</td></tr>
<tr><td rowspan="3">老年教育的参与经验的特性分析</td><td>有无参与经验</td></tr>
<tr><td>参与内容</td></tr>
<tr><td>基于参与经验的阻碍因素</td></tr>
<tr><td rowspan="2">老年教育的参与意向与要求分析</td><td>老年教育的参与意向</td></tr>
<tr><td>对老年教育的要求</td></tr>
<tr><td rowspan="3">老年教育空间的设计因子重要度</td><td colspan="2">一级设计因子的重要度评价
（工具因子/气候因子/空间因子的平均差比较）</td></tr>
<tr><td colspan="2">二级设计因子的重要度评价
（屏幕/家具/温度/热/地板/窗等二级因子的平均差比较）</td></tr>
<tr><td colspan="2">三级设计因子的重要度评价
（所有因子的平均值比较）</td></tr>
<tr><td>影响因素分析</td><td colspan="2">根据一般特性的设计因子重要度评价差异</td></tr>
<tr><td rowspan="5">因素间关系分析</td><td colspan="2">对老年教育的意识与设计因子之间的相关关系</td></tr>
<tr><td colspan="2">对老年教育的意识与设计因子重要度的相关关系</td></tr>
<tr><td colspan="2">对老年教育环境的意识与设计因子之间的相关关系</td></tr>
<tr><td colspan="2">对老年教育环境的意识与设计因子重要度的相关关系</td></tr>
<tr><td colspan="2">根据一般特性的不同对老年教育环境的认识是否有差异</td></tr>
</table>

第二节 老年教育空间设计因子的重要度分析结果

一、老年教育以及老年教育环境相关意识形态特性

1. 被试者的一般特性

从被试的人口学特性来看，在 460 名被试者中，女性为 267 人(57.8%)，男性为 194 名(42.2%)；被试者的年龄情况为 50 岁及以上为 199 人(43.3%)，50 岁以下为 261 名(56.7%)；以生活水平划分，认为本人的生活水平处于底层的被试者为 168 名(36.3%)，认为生活水平处于中层的被试者为 220 名(47.8%)，认为生活水平处于上层的被试者为 73 名(15.9%)；关于学历，本科以及以上的高学历被试者有 335 名(72.8%)，本科以下中低学历被试者 125 名(27.2%)；至于职业情况，学生、无业者有 112 名(24.3%)，从事办公类、专业人员、行政、管理职务的被试者有 224 名(48.7%)，从事生产、销售、服务、运输、农林、单纯劳务工作的被试者有 88 名(19.1%)，其他有 36 名(7.8%)。详见表 10。

表 10 被试者的一般特性

项目		f	%
性别	男	194	42.2
	女	266	57.8
	计	460	100.0
年龄	成年子女	261	56.7
	准老年以及老年人	199	43.3
	计	460	100.0
生活水平	下	167	36.3
	中	220	47.8
	上	73	15.9
	计	460	100.0

（续表）

项　目		f	%
学　历	中低学历	125	27.2
	高学历	335	72.8
计		460	100.0
职　业	学生，无业	112	24.3
	办公·专业·行政·管理职务	224	48.7
	售卖·服务·生产·运输·农产品·单纯劳务工作	88	19.1
	其　他	36	7.8
计		460	100.0

2. 对老年教育的认识

根据(表 11)所显示，在 460 个样本中，认为老年教育完全不重要的人占 10 名(2.2%)，认为老年教育并不重要的人占 11 名(2.4%)，认为一般的人占 45 名(28.6%)，认为重要的人 182 名(39.6%)，认为非常重要的人占 212 名(46.1%)。调查结果表明 75%以上的被试者认为老年教育是非常重要的。

在老年人何时开始接受老年教育比较合适这个问题上，认为从 40 岁开始的被试者有 53 名(11.5%)，认为从 50 岁开始的有 159 名(34.6%)，认为从 60 岁开始的有 193 名(42.0%)，认为从 70 岁开始的有 32 名(7.0%)。即认为从 50—60 岁开始接受老年教育比较合适的应答数最多，这与实际情况基本吻合。

另外，在适合终止老年教育的时期这一问题上，认为在行动非常方便的时候可以终止的被试者为 64 名(13.9%)，认为活动刚出现不便的时候可以终止的被试者为 110 人(23.9%)，认为行动有一些不便的时候可以终止的被试者为 133 名(28.9%)，认为行动很不方便的时候可以终止的被试者为 72 名(15.7%)，认为直到去逝都需要接受老年教育的被试者占 81 名(17.6%)。根据统计结果，行动有一些不便的时候就要终止参与老年教育的人数最多，说明身体状况是左右教育参与度的重要因素。但仍然有 17.6%的人认为直到去逝都要接受老年教育，可见对终身教育有一定需求，因此，我们有必要提供即使行为不便的老年人也可以顺利使用的教育环境，从而延长老年人的学习时间。

关于适合老年人的老年教育内容是什么这一问题上，在给出的所有选项中，统计结果表明，认为适宜老年人的教育内容依次是：健康教育 361 名(78.5%)＞兴趣爱好教育 360 名(78.3%)＞知识教育 153 名(33.3%)＞再就业教育 142 名(30.9%)＞专业性教育 89 名(19.3%)。可见，对健康教育与兴趣爱好教育的需求最大，对知识以及再就业方面的主观需求较低，特别是对专业性教育的主观需求最低。这一研究结果与当前老年教育的状况相吻合，但与未来老年人将面临的社会特点相比，其主观需求与现实性客观需求间还有较大的差距，而这是值得关注的问题点。

对于老年人在接受教育时的内在阻碍因素，对于身体的健康、心理适应性以及社会性三项的重要度都显示较高值。其中认为身体健康是主要阻碍因子的被试者为 270 名(58.7%)，其次是心理适应性，占 213 名(46.3%)，最后是社会性，占 208 名(45.2%)。

表 11 对老年教育的认识 n=460

<table>
<tr><th>项 目</th><th colspan="2">内 容</th><th>f</th><th>%</th></tr>
<tr><td rowspan="6">为实现“成功老龄化”，老年教育的重要性</td><td colspan="2">完全不重要</td><td>10</td><td>2.2</td></tr>
<tr><td colspan="2">不重要</td><td>11</td><td>2.4</td></tr>
<tr><td colspan="2">一 般</td><td>45</td><td>9.8</td></tr>
<tr><td colspan="2">重 要</td><td>182</td><td>39.6</td></tr>
<tr><td colspan="2">非常重要</td><td>212</td><td>46.1</td></tr>
<tr><td colspan="2">合 计</td><td>460</td><td>100.0</td></tr>
<tr><td rowspan="5">接受老年教育时间</td><td rowspan="5">起始时间</td><td>40 岁开始</td><td>53</td><td>11.5</td></tr>
<tr><td>50 岁开始</td><td>159</td><td>34.6</td></tr>
<tr><td>60 岁开始</td><td>193</td><td>42.0</td></tr>
<tr><td>70 岁开始</td><td>32</td><td>7.0</td></tr>
<tr><td>合 计</td><td>460</td><td>100.0</td></tr>
</table>

（续表）

项 目	内	容	f	%
接受老年教育时间	终止时间	行动自如时	64	13.9
		行动略不自如时	110	23.9
		行动不便时	133	28.9
		行动严重不便时	72	15.7
		去世前	81	17.6
		合 计	460	100.0
老年人教育内容	健康教育	适 合	361	78.5
		不适合	99	21.5
		合 计	460	100.0
	兴趣爱好教育	适 合	360	78.3
		不适合	100	21.7
		合 计	460	100.0
	知识教育	适 合	153	33.3
		不适合	307	66.7
		合 计	460	100.0
	专业性教育	适 合	89	19.3
		不适合	371	80.7
		合 计	460	100.0
	再就业教育	适 合	142	30.9
		不适合	318	69.1
		合 计	460	100.0
老年教育参与的内在障碍	身体健康	重 要	270	58.7
		不重要	190	41.3
		合 计	460	100.0
	心理适应性	重 要	213	46.3
		不重要	247	53.7
		合 计	460	100.0
	社会性	重 要	208	45.2
		不重要	252	54.8
		合 计	460	100.0

3. 对老年教育环境的认识

根据统计结果如表12所示，认为老年教育环境根本不重要的被试者为4名(0.9%)，认为不重要的被试者为11名(2.4%)，认为一般的被试者为70名(15.2%)，认为重要的被试者为243名(52.8%)，认为非常重要的被试者为132名(28.7%)。总体来讲，81.5%以上的被试者认为老年教育环境是重要的。

就是否熟悉老年教育设施这一问题，统计结果显示完全不知道58名(12.6%)，不大清楚98名(21.3%)，了解163名(35.4%)，知道126名(占27.4%)，非常了解15名(3.3%)。结果表明熟悉老年教育设施的被试者仅占不到30.7%。可见，老年教育设施的认知率以及普及率还有待于提高。

对于老年教育环境的外在因素，其重要度依次为，教育内容(67.4%)＞交通便利性(66.3%)＞走读距离(56.5%)，学校教职员工的服务态度(56.5%)＞学校环境(56.7%)＞费用(47.2%)＞家庭支持度(39.8%)＞走读时间(28.7%)＞空闲时间(27.4%)＞学校周边环境(15.9%)。

可见，2/3以上的人认为教育内容是影响老年教育参与度的最重要因素，其次是老年教育设施的合理选址，即良好的接近性。另外，学校的教职员服务质量以及学校的环境质量也是对参与度影响较大的项目。

表12　对老年教育环境的认识　n=460

项　目	内　容	f	%
老年教育环境的重要性	完全不重要	4	0.9
	不重要	11	2.4
	一　般	70	15.2
	重　要	243	52.8
	非常重要	132	28.7
	合　计	460	100.0

（续表）

项　目	内　容		f	%
对老年教育设施的认识	完全不知道		58	12.6
	听说过		98	21.3
	一　般		163	35.4
	知　道		126	27.4
	非常了解		15	3.3
	合　计		460	100.0
物理环境对老年教育参与的影响	走读距离	重　要	260	56.5
		不重要	200	43.5
		合　计	460	100.0
	走读时间	重　要	132	28.7
		不重要	328	71.3
		合　计	460	100.0
	交通便利性	重　要	305	66.3
		不重要	155	33.7
		合　计	460	100.0
	教育内容	重　要	310	67.4
		不重要	150	32.6
		合　计	460	100.0
	教育环境	重　要	261	56.7
		不重要	199	43.3
		合　计	460	100.0
	教育周边环境	重　要	73	15.9
		不重要	387	84.1
		合　计	460	100.0
	教职员工的态度及服务	重　要	260	56.5
		不重要	200	43.5
		合　计	460	100.0
	空闲时间	重　要	126	27.4
		不重要	334	72.6
		合　计	460	100.0

（续表）

项 目	内 容		f	%
物理环境对老年教育参与的影响	费 用	重 要	217	47.2
		不重要	243	52.8
		合 计	460	100.0
	家庭成员的支持	重 要	183	39.8
		不重要	277	60.2
		合 计	460	100.0

4. 老年教育参与经验

对于参与老年教育经验，如表13所示，有参与经验的人数只有52人(11.3%)，408人(88%)以上的人没有参与过老年教育。在199名准老年及老年人中，参与率只占约26%。这说明目前的老年教育参与率还很低。

表13 老年教育的参与经验 n=460

项 目	f	%
没有	408	88.7
有	52	11.3
合 计	460	100.0

在有老年教育参与经验的被试者中，其参与的具体教育项目情况为，健康教育39人(75.0%)＞兴趣教育33人(63.5%)＞知识教育12人(23.1%)＞专业性教育9人(17.3%)＞再就业教育9人(17.3%)。这表明目前参与健康教育以及兴趣教育的人数所占比率较高。这与此前针对整个样本调查的对老年教育内容的意识一题中显示的结果相吻合，与实际情况也吻合(见表14)。

表 14　主要参与的老年教育内容　n=52

项	目	f	(%)
健康教育	有	39	75.0
	没有	13	25.0
	合计	52	100.0
兴趣教育	有	33	63.5
	没有	19	36.5
	合计	52	100.0
知识教育	有	12	23.1
	没有	40	76.9
	合计	52	100.0
专业性教育	有	9	17.3
	没有	43	82.7
	合计	52	100.0
再就业教育	有	9	17.3
	没有	43	82.7
	合计	52	100.0

此外,以有老年教育参与经验的被试者为中心,对老年教育的主要阻碍因素进行了调查,结果表明,其阻碍因子依次为:健康问题 26 人(50.0%)>教育内容枯燥 29 人(55.8%)>教育内容的难度 19 人(36.5%)>对学习新知识有心理压力 11 人(21.2%)>与其他老人相处困难 9 人(17.3%)(见表 15)。可见,阻碍老年教育的最主要因子仍是健康问题,也就是行动力问题,因此,根据老年人的健康状况等级设计对应的环境,也是可以提高老年教育参与度与教育质量的有效手段之一。

表15　老年教育的阻碍因素　n=52

项　　目		f	%
健康问题	是	26	50.0
	否	26	50.0
	合计	52	100.0
教育内容困难	是	19	36.5
	否	33	63.5
	合计	52	100.0
教育内容枯燥	是	29	55.8
	否	23	44.2
	合计	52	100.0
对学新东西有心理压力	是	11	21.2
	否	41	78.8
	合计	52	100.0
与其他老人相处困难	是	9	17.3
	否	43	82.7
	合计	52	100.0

5. *老年教育的参与意向及需求*

根据(表16)所示，对于老年教育的参与意向，表示非常不想参与老年教育的被试者人数为7人(1.5%)，表示不怎么想参与的人数为16人(3.5%)，表示无所谓的人数为94人(20.4%)，表示感兴趣的人数为218人(47.4%)，表示一定要参加老年教育的人数为27.2%(125人)。结果表明约74%以上的被试者表示现在或今后有意向参与老年教育。

根据表17所示，希望目前或将来能够接受的教育依次为：有关促进社会活动交往的社交性教育142人(30.9%)＞有关利于身体健康的教育120人(26.1%)＞有关预防忧郁症等疾病的心理教育119人(25.9%)＞有关帮助老年人再就业的职业教育56人(12.2%)。

表 16　老年教育的参与意向　　n=460

项　　目	f	%
非常不想	7	1.5
不怎么想	16	3.5
无所谓	94	20.4
感兴趣	218	47.4
一定要参加	125	27.2
合　　计	460	100.0

表 17　对老年教育内容的需求　　n=460

项　　目		f	%
有关利于身体健康的教育	必　要	120	26.1
	不必要	340	73.9
	合　计	460	100.0
有关预防忧郁症等疾病的心理教育	必　要	119	25.9
	不必要	341	74.1
	合　计	460	100.0
有关促进社会活动交往的社交性教育	必　要	142	30.9
	不必要	318	69.1
	合　计	460	100.0
有关帮助老年人再就业的职业教育	必　要	56	12.2
	不必要	404	87.8
	合　计	460	100.0

二、老年教育空间设计因子的重要度分析

为了得出老年教育空间中各级设计因子的重要度排序，本章节利用SPSS统计工具对其重要度平均值进行了对比与排序。老年教育空间的设计因子分层为一、二、三，共三级。其统计结果如下：

1. 老年教育空间一级设计因子的重要度排序

在一级设计因子的重要度评价中，围绕工具因子、气候因子、空间因子三大一级因子进行了平均值的计算及对比，如表 18 所示，其平均值排序为：气候因子（4.01 分）＞工具因子（3.92 分）＞空间因子（3.91 分）。显示气候因子的重要度分值最高。

表 18 老年教育空间一级设计因子的重要度排序 n=460

一级因子	一级因子平均值	一级因子排序
工具因子	3.92	2
气候因子	4.01	1
空间因子	3.91	3

* 平均值 5 分为满分。

2. 老年教育空间二级设计因子的重要度排序

在二级设计因子的重要度分析中，重要度平均值第一位的因子为屏幕（4.09 分），第二位为空气（4.04 分），第三位为热度（4.01 分），第四位为温度、湿度与地面（3.99 分），第五位为照明（3.98 分），第六位为门（3.95 分），第七位为其他工具（3.92 分），第八位为墙（3.90 分），第九位为家具（3.87 分），第十位为音响与窗（3.84 分），第十一位为天花（3.67 分）（见表 19）。

表 19 老年教育空间二级因子的重要度排序 n=460

<table>
<tr><th>一级因子</th><th>二级因子</th><th>二级因子平均值</th><th>二级因子重要度排序</th></tr>
<tr><td rowspan="5">工具因子</td><td>屏　幕</td><td>4.09</td><td>1</td></tr>
<tr><td>音　响</td><td>3.84</td><td>10</td></tr>
<tr><td>家　具</td><td>3.87</td><td>9</td></tr>
<tr><td>照　明</td><td>3.98</td><td>5</td></tr>
<tr><td>工具—其他</td><td>3.92</td><td>7</td></tr>
</table>

（续表）

一级因子	二级因子	二级因子平均值	二级因子重要度排序
气候因子	温　度	3.99	4
	热　度	4.01	3
	湿　度	3.99	4
	空　气	4.04	2
空间因子	地　面	3.99	4
	窗	3.84	10
	门	3.95	6
	墙	3.90	8
	天　花	3.67	11

注：* 平均值 5 分为满分。

3. 三级因子重要度排序

根据本书前章节中制定的评价分数体系，在 5 分满分中，平均值 4.00 分及以上的项被列为必备项，平均值为 2.50 分及以下的项被列为可选项，平均值 2.50 以下的项被列为可忽略项。

根据对三级因子的平均值统计结果，共有 23 项被评价为重要因子。其中包括，安全警报系统、防滑、空气的质量、紧急窗口、屏幕的高度、轮椅专用席的位置、家具的安全性、栏杆的高度、门槛的高度、照明的种类、消除制热设备的安全隐患、适当的湿度、地板材料的拼接平整度、屏幕观看视野范围、摆放家具时的过道通畅性、维持适当的温度、门缝的防夹手装置、去除地面高差、照明的亮度、排风装置、屏幕与学生的距离、屏幕的大小、学生密度产生的热量。

其前十位的分值与排序如下：

“安全警报系统”与“地面的防滑”占据第一位，“紧急窗口”与“空气的质量”占第二位，“轮椅专用席的位置”、“家具的安全性”以及“屏幕的高度”占第三位。“防止坠落事故的栏杆设置”、“为了防止跌伤的门槛去除”

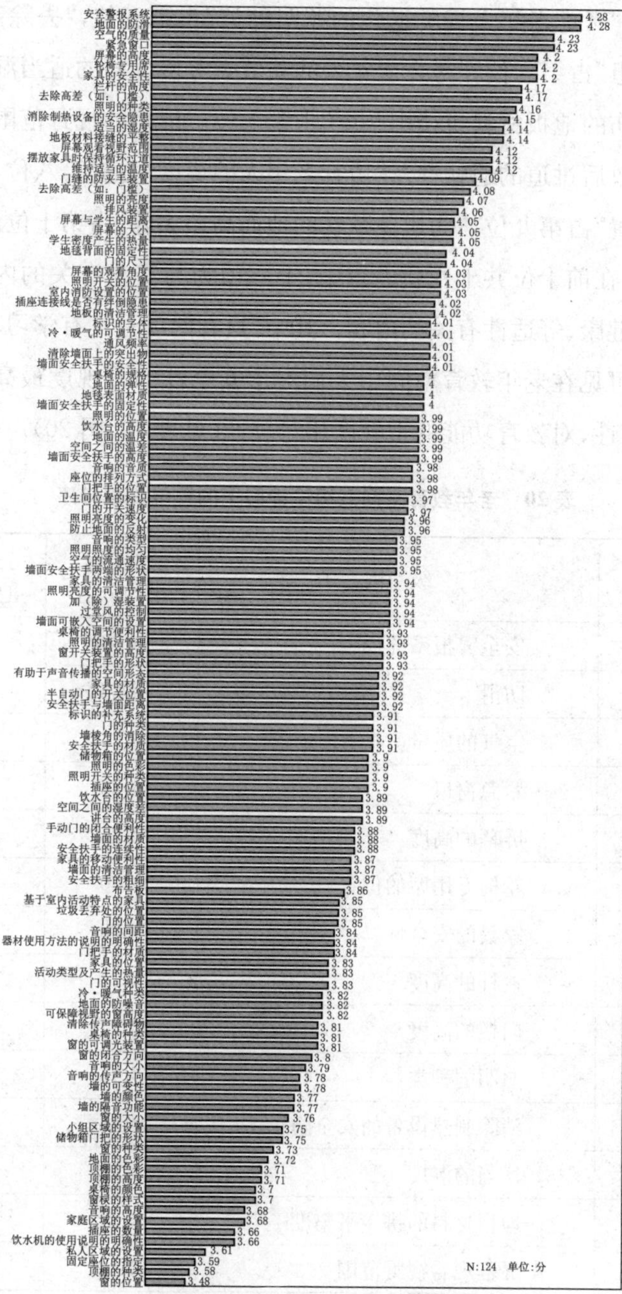

图 20　老年教育空间的三级设计因子总排序

占第四位，“考虑老年人视觉退化的照明种类”占第五位，“去除制热设备的安全隐患”占第六位，“考虑老年人的关节炎等慢性病的适当湿度”、“为了防止跌伤的地板材料拼接平整度”占第七位，“屏幕的视野范围”、“座位及家具摆放后过道的通畅性”、“适宜老年人的温度”占据第八位，“门缝的防夹手设置”占第九位，“为避免跌伤的地面高差去除”占第十位。

可见，在前十位共十八项内容中，十一项为与安全有关的内容，其余七项为与健康、舒适性有关的内容。其中，只有两项是具有学习功能的工具因子。可见在老年教育空间中人们对于安全性的重视度最高，其次是健康、舒适性，对教育功能的重视度相对较低（见表19、图20）。

表20 老年教育空间三级设计因子的重要度总排序 n=460

二级因子	三级因子	三级因子平均分值	三级因子重要度排序
其他工具	安全警报系统	4.28	1
地面	防滑	4.28	1
空气	空气的质量	4.23	2
窗	紧急窗口	4.23	2
屏幕	屏幕的高度	4.20	3
家具	轮椅专用席的位置	4.20	3
家具	家具的安全性	4.20	3
窗	栏杆的高度	4.17	4
门	门槛的高度	4.17	4
照明	照明的种类	4.16	5
热度	消除制热设备的安全隐患	4.15	6
湿度	适当的湿度	4.14	7
地面	地板材料的拼接平整度	4.14	7
屏幕	屏幕观看视野范围	4.12	8
家具	摆放家具时的过道通畅性	4.12	8

（续表）

二级因子	三　级　因　子	三级因子平均分值	三级因子重要度排序
温　度	维持适当的温度	4.12	8
门	门缝的防夹手装置	4.09	9
地　面	去除地面高差	4.08	10
照　明	照明的亮度	4.07	11
空　气	排风装置	4.06	12
屏　幕	屏幕与学生的距离	4.05	13
屏　幕	屏幕的大小	4.05	13
热　度	学生密度产生的热量	4.05	13
地　面	地毯背面的固定性	4.04	14
门	门的尺寸	4.04	14
屏　幕	屏幕的观看角度	4.03	15
照　明	照明开关的位置	4.03	15
其他工具	室内消防设置的位置	4.03	15
其他工具	插线板延长线的突出与否即绊倒隐患	4.02	16
地　面	地板的清洁管理	4.02	16
其他工具	标识的字体	4.01	17
温　度	冷·暖气调节性	4.01	17
空　气	通风频率	4.01	17
墙	清除墙面上的突出物	4.01	17
墙	墙面安全扶手的安全性	4.01	17
家　具	桌椅的规格	4.00	18
地　面	地面的弹性	4.00	18
地　面	地毯表面材质	4.00	18
墙	墙面安全扶手的固定性	4.00	18
照　明	照明的位置	3.99	19

(续表)

二级因子	三级因子	三级因子平均分值	三级因子重要度排序
其他工具	饮水台的高度	3.99	19
温度	地面的温度	3.99	19
温度	空间之间的温差	3.99	19
墙	墙面安全扶手的高度	3.99	19
音响	音响的音质	3.98	20
家具	座位的排列方式	3.98	20
门	门把手的位置	3.98	20
其他工具	卫生间的导视标识	3.97	21
门	门的闭合速度	3.97	21
照明	照明亮度的变化	3.96	22
地面	防止地面的反射	3.96	22
音响	音响的类型	3.95	23
照明	照明照度的均匀	3.95	23
空气	空气的流通速度	3.95	23
墙	墙面安全扶手两端的形状	3.95	23
家具	家具的清洁管理	3.94	24
照明	照明亮度的可调节性	3.94	24
湿度	加(除)湿装置	3.94	24
空气	过堂风的控制	3.94	24
墙	墙面可嵌入空间的设置	3.94	24
家具	桌椅的调节便利性	3.93	25
照明	照明的清洁与管理	3.93	25
窗	窗开关装置的高度	3.93	25
门	门把手的形状	3.93	25
音响	有助于声音传播的空间形态	3.92	26

（续表）

二级因子	三　级　因　子	三级因子平均分值	三级因子重要度排序
家　具	家具的材质	3.92	26
门	半自动门开关的位置	3.92	26
墙	安全扶手与墙面的距离	3.92	26
其他工具	标识的补充系统	3.91	27
门	门的种类	3.91	27
墙	墙棱角的去除	3.91	27
墙	安全扶手的材质	3.91	27
家　具	储物柜的位置	3.90	28
照　明	照明的色彩	3.90	28
照　明	照明开关的种类	3.90	28
其他工具	插座的位置	3.90	28
其他工具	饮水台的位置	3.89	29
湿　度	空间之间的湿度差	3.89	29
地　面	讲台的高度	3.89	29
门	手动门的闭合便利性	3.88	30
墙	墙面的材质	3.88	30
墙	安全扶手的连续性	3.88	30
家　具	家具的移动便利性	3.87	31
墙	墙面的清洁管理	3.87	31
墙	安全扶手的粗细	3.87	31
其他工具	布告板	3.86	32
家　具	基于室内活动特点的家具	3.85	33
其他工具	垃圾丢弃处的位置	3.85	33
门	门的位置	3.85	33
音　响	扬声器的间距	3.84	34

（续表）

二级因子	三级因子	三级因子平均分值	三级因子重要度排序
其他工具	器材使用方法的说明的明确性	3.84	34
门	门把手的材质	3.84	34
家具	家具的位置	3.83	35
热度	室内活动类型及产生的热量	3.83	35
门	门的可视性	3.83	35
温度	冷·暖气种类	3.82	36
地面	地面的防噪音	3.82	36
窗	可保障视野的窗户高度	3.82	36
音响	清除传声障碍物	3.81	37
家具	桌椅的种类	3.81	37
窗	窗的可调光装置	3.81	37
窗	窗的闭合方向	3.80	38
音响	扬声器的大小	3.79	39
音响	扬声器的指向性	3.78	40
墙	墙的可变性	3.78	40
墙	墙的颜色	3.77	41
墙	墙的隔音功能	3.77	41
窗	窗的大小	3.76	42
家具	小组区域的设置	3.75	43
家具	储物柜门把的形状	3.75	43
窗	窗的种类	3.73	44
地面	地面的色彩	3.72	45
天花	天花的色彩	3.71	46
天花	天花的高度	3.71	46
家具	桌椅的颜色	3.70	47

（续表）

二级因子	三　级　因　子	三级因子平均分值	三级因子重要度排序
窗	窗棂的样式	3.70	47
音　响	扬声器的高度	3.68	48
家　具	家庭区域的设置	3.68	48
其他工具	插座的数量	3.66	49
其他工具	饮水机使用说明文的明确性	3.66	49
家　具	私人区域的设置	3.61	50
家　具	固定座位的指定	3.59	51
天　花	天花的种类	3.58	52
窗	窗的位置	3.48	53

平均值 5 分为满分。

另外，对三级因子的重要度评价的具体数值如表 21 所示。

表 21　工具因子的重要度平均值　　n=460

工具因子		1	2	3	4	5	计	平均
		f	f	f	f	f		
		%	%	%	%	%		
屏幕	观看角度	1	13	77	251	118	460	4.03
		0.2	2.8	16.7	54.6	25.7	100	
	视野范围	1	11	61	246	141	460	4.12
		0.2	2.4	13.3	53.5	30.7	100	
	与学生的距离	1	10	92	218	139	460	4.05
		0.2	2.2	20.0	47.4	30.2	100	
	高　度	2	8	61	212	177	460	4.20
		0.4	1.7	13.3	46.1	38.5	100	
	大　小	1	9	89	227	134	460	4.05
		0.2	2.0	19.3	49.3	29.1	100	
							平均	4.09

(续表)

工具因子		1 f %	2 f %	3 f %	4 f %	5 f %	计	平均
音响	扬声器种类	1	13	100	238	108	460	3.95
		0.2	2.8	21.7	51.7	23.5	100	
	扬声器音质	1	7	106	232	114	460	3.98
		0.2	1.5	23.0	50.4	24.8	100	
	扬声器高度	4	26	166	180	84	460	3.68
		0.9	5.7	36.1	39.1	18.3	100	
	扬声器间距	2	20	130	207	101	460	3.84
		0.4	4.3	28.3	45.0	22.0	100	
	扬声器大小	3	21	141	200	95	460	3.79
		0.7	4.6	30.7	43.5	20.7	100	
	声音的指向性	2	25	143	192	98	460	3.78
		0.4	5.4	31.1	41.7	21.3	100	
	传声障碍物清除	3	29	125	198	105	460	3.81
		0.7	6.3	27.2	43.0	22.8	100	
	利于传声效果的空间形态	2	17	118	203	120	460	3.92
		0.4	3.7	25.7	44.1	26.1	100	
							平均	3.84
家具	座位的排列方式	3	16	90	230	121	460	3.98
		0.7	3.5	19.6	50.0	26.3	100	
	过道的通畅	1	17	76	198	168	460	4.12
		0.2	3.7	16.5	43.0	36.5	100	
	固定座位的指定	6	53	146	174	81	460	3.59
		1.3	11.5	31.7	37.8	17.6	100	
	空间内活动特点	4	18	128	201	109	460	3.85
		0.9	3.9	27.8	43.7	23.7	100	
	小组区域的设置	3	25	160	167	105	460	3.75
		0.7	5.4	34.8	36.3	22.8	100	

(续表)

工具因子		1 f %	2 f %	3 f %	4 f %	5 f %	计	平均
家具	个人区域的设置	10	29	177	159	85	460	3.61
		2.2	6.3	38.5	34.6	18.5	100	
	家属区域的设置	6	39	151	164	100	460	3.68
		1.3	8.5	32.8	35.7	21.7	100	
	轮椅专用席的位置	3	6	79	179	193	460	4.20
		0.7	1.3	17.2	38.9	42.0	100	
	桌椅的规格	1	12	99	224	124	460	4.00
		0.2	2.6	21.5	48.7	27.0	100	
	桌椅的种类	4	24	132	197	103	460	3.81
		0.9	5.2	28.7	42.8	22.4	100	
	桌椅的颜色	7	31	141	197	84	460	3.70
		1.5	6.7	30.7	42.8	18.3	100	
	桌椅的可调节	3	16	104	225	112	460	3.93
		0.7	3.5	22.6	48.9	24.3	100	
	家具的材质	6	23	90	225	116	460	3.92
		1.3	5.0	19.6	48.9	25.2	100	
	家具的安全性	1	11	63	207	178	460	4.20
		0.2	2.4	13.7	45.0	38.7	100	
	家具的位置	6	10	131	221	92	460	3.83
		1.3	2.2	28.5	48.0	20.0	100	
	储物柜的位置	4	16	118	207	115	460	3.90
		0.9	3.5	25.7	45.0	25.0	100	
	储物柜门把形状	10	23	127	211	89	460	3.75
		2.2	5.0	27.6	45.9	19.3	100	

(续表)

工具因子		1 f %	2 f %	3 f %	4 f %	5 f %	计	平均
家具	家具的可移动性	6	26	111	195	122	460	3.87
		1.3	5.7	24.1	42.4	26.5	100	
	家具的清洁管理	2	16	111	208	123	460	3.94
		0.4	3.5	24.1	45.2	26.7	100	
							平均	3.87
照明	照明的种类	3	8	76	199	174	460	4.16
		0.7	1.7	16.5	43.3	37.8	100	
	照明的位置	2	8	111	209	130	460	3.99
		0.4	1.7	24.1	45.4	28.3	100	
	照明的颜色	5	16	119	202	118	460	3.90
		1.1	3.5	25.9	43.9	25.7	100	
	照明的照度	3	22	71	210	154	460	4.07
		0.7	4.8	15.4	45.7	33.5	100	
	照明的均匀	2	10	115	214	119	460	3.95
		0.4	2.2	25.0	46.5	25.9	100	
	亮度等级的可调性	1	8	127	207	117	460	3.94
		0.2	1.7	27.6	45.0	25.4	100	
	亮度的变化	1	13	113	211	122	460	3.96
		0.2	2.8	24.6	45.9	26.5	100	
	照明的清洁与管理	3	18	99	230	110	460	3.93
		0.7	3.9	21.5	50.0	23.9	100	
	照明开关的种类	10	24	99	195	132	460	3.90
		2.2	5.2	21.5	42.4	28.7	100	
	照明开关的位置	8	13	88	198	153	460	4.03
		1.7	2.8	19.1	43.0	33.3	100	
							平均	3.98

（续表）

工具因子		1	2	3	4	5	计	平均
		f	f	f	f	f		
		%	%	%	%	%		
其他	插座的位置	5	17	127	181	130	460	3.90
		1.1	3.7	27.6	39.3	28.3	100	
	插座数量	7	27	163	183	80	460	3.66
		1.5	5.9	35.4	39.8	17.4	100	
	插座的电线/连接线	6	14	109	169	162	460	4.02
		1.3	3.0	23.7	36.7	35.2	100	
	饮水台的位置	4	29	99	209	119	460	3.89
		0.9	6.3	21.5	45.4	25.9	100	
	饮水台的高度	2	24	92	202	140	460	3.99
		0.4	5.2	20.0	43.9	30.4	100	
	饮水台使用说明	9	32	155	174	90	460	3.66
		2.0	7.0	33.7	37.8	19.6	100	
	垃圾丢弃处的位置	4	19	123	211	103	460	3.85
		0.9	4.1	26.7	45.9	22.4	100	
	器材使用方法说明文的明确性	5	28	126	178	123	460	3.84
		1.1	6.1	27.4	38.7	26.7	100	
	室内消防设施的位置	4	15	100	185	156	460	4.03
		0.9	3.3	21.7	40.2	33.9	100	
	标识字体	3	16	101	193	147	460	4.01
		0.7	3.5	22.0	42.0	32.0	100	
	标识的补充体系	2	16	116	213	113	460	3.91
		0.4	3.5	25.2	46.3	24.6	100	
	布告板的设计	5	17	129	196	113	460	3.86
		1.1	3.7	28.0	42.6	24.6	100	

（续表）

工具因子		1 f %	2 f %	3 f %	4 f %	5 f %	计	平均
其他	卫生间位置的导向	3	20	117	168	152	460	3.97
		0.7	4.3	25.4	36.5	33.0	100	
	安全警报系统	1	7	72	163	217	460	4.28
		0.2	1.5	15.7	35.4	47.2	100	
							平均	3.92

表22 气候因子的重要度平均值 n=460

气候要求		1 f %	2 f %	3 f %	4 f %	5 f %	计	平均
温度	适温的维持	3	6	76	222	153	460	4.12
		0.7	1.3	16.5	48.3	33.3	100	
	地面温度	3	10	108	208	131	460	3.99
		0.7	2.2	23.5	45.2	28.5	100	
	房间之间的温度差	3	12	101	214	130	460	3.99
		0.7	2.6	22.0	46.5	28.3	100	
	冷·暖气的种类	3	26	132	190	109	460	3.82
		0.7	5.7	28.7	41.3	23.7	100	
	冷·暖气的调节	2	15	99	204	140	460	4.01
		0.4	3.3	21.5	44.3	30.4	100	
							平均	3.99
热度	学生密度及热量	1	6	105	205	143	460	4.05
		0.2	1.3	22.8	44.6	31.1	100	
	消除制热设备的安全隐患	2	7	73	217	161	460	4.15
		0.4	1.5	15.9	47.2	35.0	100	

(续表)

气候要求		1 f %	2 f %	3 f %	4 f %	5 f %	计	平均
热度	活动类型及热量	3	20	128	212	97	460	3.83
		0.7	4.3	27.8	46.1	21.1	100	
							平均	4.01
湿度	适当的湿度	3	5	86	197	169	460	4.14
		0.7	1.1	18.7	42.8	36.7	100	
	各空间的湿度差异	2	13	121	223	101	460	3.89
		0.4	2.8	26.3	48.5	22.0	100	
	加(除)湿装饰	3	10	119	207	121	460	3.94
		0.7	2.2	25.9	45.0	26.3	100	
							平均	3.99
空气	空气质量	1	7	72	184	196	460	4.23
		0.2	1.5	15.7	40.0	42.6	100	
	空气的流通速度	3	10	121	200	126	460	3.95
		0.7	2.2	26.3	43.5	27.4	100	
	过堂风的控制	1	10	125	205	119	460	3.94
		0.2	2.2	27.2	44.6	25.9	100	
	换气装置	3	10	97	197	153	460	4.06
		0.7	2.2	21.1	42.8	33.3	100	
	通风频率	4	7	103	211	135	460	4.01
		0.9	1.5	22.4	45.9	29.3	100	
							平均	4.04

表 23　空间因子的重要度平均值　　n=460

空间因子		1	2	3	4	5	计	平均
		f	f	f	f	f		
		%	%	%	%	%		
地面	讲台高度	6	12	104	241	97	460	3.89
		1.3	2.6	22.6	52.4	21.1	100	
	消除高差	2	13	98	181	166	460	4.08
		0.4	2.8	21.3	39.3	36.1	100	
	防　滑	2	9	67	162	220	460	4.28
		0.4	2.0	14.6	35.2	47.8	100	
	防反射	2	17	114	190	137	460	3.96
		0.4	3.7	24.8	41.3	29.8	100	
	地板的弹性	3	15	105	193	144	460	4.00
		0.7	3.3	22.8	42.0	31.3	100	
	防止地板的噪音	7	18	128	206	101	460	3.82
		1.5	3.9	27.8	44.8	22.0	100	
	地面的颜色	11	18	147	198	86	460	3.72
		2.4	3.9	32.0	43.0	18.7	100	
	地面的清洁管理	5	12	94	208	141	460	4.02
		1.1	2.6	20.4	45.2	30.7	100	
	地板块的拼接	2	14	81	183	180	460	4.14
		0.4	3.0	17.6	39.8	39.1	100	
	地毯的表面材质	5	16	97	198	144	460	4.00
		1.1	3.5	21.1	43.0	31.3	100	
	地毯的固定性	3	12	100	195	150	460	4.04
		0.7	2.6	21.7	42.4	32.6	100	
							平均	3.99

（续表）

空间因子		1 f %	2 f %	3 f %	4 f %	5 f %	计	平均
窗	窗的位置	16	28	201	148	67	460	3.48
		3.5	6.1	43.7	32.2	14.6	100	
	窗的种类	7	22	141	207	83	460	3.73
		1.5	4.8	30.7	45.0	18.0	100	
	窗的大小	5	24	140	200	91	460	3.76
		1.1	5.2	30.4	43.5	19.8	100	
	紧急窗口	1	12	72	168	207	460	4.23
		0.2	2.6	15.7	36.5	45.0	100	
	栏　杆	2	16	74	180	188	460	4.17
		0.4	3.5	16.1	39.1	40.9	100	
	视　野	6	25	124	198	107	460	3.82
		1.3	5.4	27.0	43.0	23.3	100	
	窗的开关装置的高度	6	17	105	207	125	460	3.93
		1.3	3.7	22.8	45.0	27.2	100	
	窗的开关防线	7	22	132	193	106	460	3.80
		1.5	4.8	28.7	42.0	23.0	100	
	窗棂形状	9	20	157	189	85	460	3.70
		2.0	4.3	34.1	41.1	18.5	100	
	光线的可调性	7	13	147	187	106	460	3.81
		1.5	2.8	32.0	40.7	23.0	100	
							平均	3.84
门	门的种类	11	7	117	203	122	460	3.91
		2.4	1.5	25.4	44.1	26.5	100	
	门的闭合速度	7	9	117	186	141	460	3.97
		1.5	2.0	25.4	40.4	30.7	100	

（续表）

空间因子		1	2	3	4	5	计	平均
		f	f	f	f	f		
		%	%	%	%	%		
门	半自动门的“开关”标示位置	7	8	114	215	116	460	3.92
		1.5	1.7	24.8	46.7	25.2	100	
	手动门的闭合方式	5	16	118	212	109	460	3.88
		1.1	3.5	25.7	46.1	23.7	100	
	门的位置	8	14	129	198	111	460	3.85
		1.7	3.0	28.0	43.0	24.1	100	
	门的尺寸	5	16	92	191	156	460	4.04
		1.1	3.5	20.0	41.5	33.9	100	
	门的可视性	8	19	128	191	114	460	3.83
		1.7	4.1	27.8	41.5	24.8	100	
	去除门槛	7	12	68	184	189	460	4.17
		1.5	2.6	14.8	40.0	41.1	100	
	门的防夹手装置	7	9	84	194	166	460	4.09
		1.5	2.0	18.3	42.2	36.1	100	
	门把的形状	9	14	113	190	134	460	3.93
		2.0	3.0	24.6	41.3	29.1	100	
	门把的材质	9	21	127	180	123	460	3.84
		2.0	4.6	27.6	39.1	26.7	100	
	门把的位置	7	14	98	202	139	460	3.98
		1.5	3.0	21.3	43.9	30.2	100	
							平均	3.95
墙	墙的可变性	5	25	123	218	47.4	460	3.78
		1.1	5.4	26.7	47.4	19.3	100	
	去除墙边角	5	16	115	202	122	460	3.91
		1.1	3.5	25.0	43.9	26.5	100	

（续表）

空间因子		1 f %	2 f %	3 f %	4 f %	5 f %	计	平均
墙	墙面突出物的清除	3	13	106	192	146	460	4.01
		0.7	2.8	23.0	41.7	31.7	100	
	墙面材质	2	24	121	195	118	460	3.88
		0.4	5.2	26.3	42.4	25.7	100	
	墙面的清洁与管理	2	23	114	215	106	460	3.87
		0.4	5.0	24.8	46.7	23.0	100	
	墙面颜色	5	28	137	186	104	460	3.77
		1.1	6.1	29.8	40.4	22.6	100	
	墙的隔音功能	4	25	145	184	102	460	3.77
		0.9	5.4	31.5	40.0	22.2	100	
	墙面可嵌入空间的预留	4	21	114	181	140	460	3.94
		0.9	4.6	24.8	39.3	30.4	100	
	墙面安全扶手的高度	3	14	101	209	133	460	3.99
		0.7	3.0	22.0	45.4	28.9	100	
	墙面安全扶手的粗细	3	20	126	195	116	460	3.87
		0.7	4.3	27.4	42.4	25.2	100	
	墙面安全扶手的连续性	3	26	120	184	127	460	3.88
		0.7	5.7	26.1	40.0	27.6	100	
	墙面安全扶手的安全性	3	26	90	185	156	460	4.01
		0.7	5.7	19.6	40.2	33.9	100	
	墙面安全扶手与墙面的间距	2	18	125	187	128	460	3.92
		0.4	3.9	27.2	40.7	27.8	100	
	墙面安全扶手的材质	5	14	129	183	129	460	3.91
		1.1	3.0	28.0	39.8	28.0	100	

(续表)

<table>
<tr><td colspan="2" rowspan="3">空　间　因　子</td><td>1</td><td>2</td><td>3</td><td>4</td><td>5</td><td rowspan="3">计</td><td rowspan="3">平均</td></tr>
<tr><td>f</td><td>f</td><td>f</td><td>f</td><td>f</td></tr>
<tr><td>%</td><td>%</td><td>%</td><td>%</td><td>%</td></tr>
<tr><td rowspan="5">墙</td><td rowspan="2">墙面安全扶手的末端形状</td><td>5</td><td>20</td><td>116</td><td>201</td><td>118</td><td>460</td><td rowspan="2">3.95</td></tr>
<tr><td>1.1</td><td>4.3</td><td>25.2</td><td>43.7</td><td>25.7</td><td>100</td></tr>
<tr><td rowspan="2">墙面安全扶手的固定性</td><td>4</td><td>18</td><td>100</td><td>188</td><td>150</td><td>460</td><td rowspan="2">4.00</td></tr>
<tr><td>0.9</td><td>3.9</td><td>21.7</td><td>40.9</td><td>32.6</td><td>100</td></tr>
<tr><td colspan="7">平均</td><td>3.90</td></tr>
<tr><td rowspan="7">天花</td><td rowspan="2">天花种类</td><td>7</td><td>30</td><td>176</td><td>183</td><td>64</td><td>460</td><td rowspan="2">3.58</td></tr>
<tr><td>1.5</td><td>6.5</td><td>38.3</td><td>39.8</td><td>13.9</td><td>100</td></tr>
<tr><td rowspan="2">天花颜色</td><td>8</td><td>28</td><td>140</td><td>196</td><td>88</td><td>460</td><td rowspan="2">3.71</td></tr>
<tr><td>1.7</td><td>6.1</td><td>30.4</td><td>42.6</td><td>19.1</td><td>100</td></tr>
<tr><td rowspan="2">天花高度</td><td>9</td><td>32</td><td>146</td><td>169</td><td>104</td><td>460</td><td rowspan="2">3.71</td></tr>
<tr><td>2.0</td><td>7.0</td><td>31.7</td><td>36.7</td><td>22.6</td><td>100</td></tr>
<tr><td colspan="7">平均</td><td>3.67</td></tr>
</table>

平均值 5 分为满分。

三、对老年教育空间设计因子重要度评价的影响因子分析

1. 根据被试者一般特性的老年教育空间设计因子的重要度评价差异

(1) 根据年龄的老年教育空间设计因子的重要度评价差异

① 根据年龄的工具因子重要度评价差异

为了了解根据年龄的不同对于工具因子的重视度是否存在差异，本书就成年子女与准老年以及老年人样本的重要度评价差异进行了T-TEST分析。分析结果显示，“扬声器的音质”、“家属区域的设置”、“轮椅专用席的设置”、“桌椅的种类”、“照明的亮度”、“照明亮度的均匀度”、“垃圾投弃处的位置”、“卫生间的导视标识”八项在5%($p < 0.05$)水平上

存在显著差异。“屏幕的观看角度”、“屏幕的高度”、“屏幕的大小”、“家具的安全性”、“照明的种类”、“照明的颜色”六项在1%($p < 0.01$)的水平上存在显著差异。而“屏幕与学生的距离”、“扬声器的大小”两项在0.1%($p < 0.001$)的水平上存在显著差异。其中,除“扬声器的大小”、“家具的安全性”以外其他项均都是成年子女的重要度评价高于准老年人以及老年人群体(见表24)。

表24　根据年龄的工具因子重要度评价差异　n=460

区分		N	M	SD	t
屏幕的观看角度	成年子女	261	4.12	0.048	3.124**
	准老年人及老年人	199	3.90	0.049	
屏幕与学生的距离	成年子女	261	4.16	0.049	3.469***
	准老年人及老年人	199	3.91	0.053	
屏幕的高度	成年子女	261	4.29	0.049	2.714**
	准老年人及老年人	199	4.10	0.051	
屏幕大小	成年子女	261	4.13	0.049	2.694**
	准老年人及老年人	199	3.94	0.050	
扬声器的音质	成年子女	261	4.06	0.047	2.545*
	准老年人及老年人	199	3.88	0.052	
扬声器的大小	成年子女	261	3.67	0.055	−3.455***
	准老年人及老年人	199	3.94	0.054	
家属区域的设置	成年子女	261	3.76	0.061	2.129*
	准老年人及老年人	199	3.57	0.063	
轮椅专用席的位置	成年子女	261	4.27	0.051	1.999*
	准老年人及老年人	199	4.12	0.056	
桌椅的种类	成年子女	261	3.88	0.056	2.001*
	准老年人及老年人	199	3.71	0.058	

（续表）

区　　分		N	M	SD	t
家具的安全性	成年子女	261	3.82	0.054	2.802**
	准老年人及老年人	199	3.85	0.053	
照明种类	成年子女	261	4.26	0.049	3.017**
	准老年人及老年人	199	4.03	0.058	
照明颜色	成年子女	261	4.00	0.053	2.887**
	准老年人及老年人	199	3.76	0.061	
照明亮度	成年子女	261	4.14	0.051	2.089*
	准老年人及老年人	199	3.97	0.063	
照明亮度的均匀度	成年子女	261	4.02	0.051	2.074*
	准老年人及老年人	199	3.86	0.054	
垃圾投弃处的位置	成年子女	261	3.93	0.053	2.320*
	准老年人及老年人	199	3.74	0.058	
卫生间的导视标识	成年子女	261	4.05	0.056	2.082*
	准老年人及老年人	199	3.87	0.063	

注：* p<0.05、** p<0.01、*** p<0.001，平均值5分为满分。

② 根据年龄的气候因子重要度评价差异

为了了解根据年龄的不同对于“气候因子”的重视度是否存在差异，本书就成年子女与准老年以及老年人样本的重要度评价差异进行了T-TEST分析。结果显示，“空间之间的温度差异”、“空气流通速度”、“过堂风的控制”三项在小于5%（$p < 0.05$）水平上呈现显著差异。“空气的质量”在小于0.1%（$p < 0.001$）水平上呈现显著差异。其中，对于“过堂风的控制”一项准老年人以及老年人的重视度显示更高，其余三项显示成年子女的重视度高于准老年人以及老年人（见表25）。

表 25　根据年龄的气候因子重要度评价差异　n=460

区分		N	M	SD	t
空间之间的温度差异	成年子女	261	4.08	0.050	2.583*
	准老年人及老年人	199	3.88	0.058	
空气质量	成年子女	261	4.33	0.047	3.199***
	准老年人及老年人	199	4.10	0.056	
空气流通速度	成年子女	261	4.02	0.051	2.246*
	准老年人及老年人	199	3.85	0.058	
过堂风的控制	成年子女	261	4.01	0.051	2.190*
	准老年人及老年人	199	3.84	0.053	

注：* p<0.05、** p<0.01、*** p<0.001，平均值 5 分为满分。

③ 根据年龄的空间因子重要度评价差异

为了了解根据年龄的不同对于空间因子的重视度是否存在差异，本书就成年子女与准老年以及老年人样本的重要度评价差异进行了 T-TEST 分析。结果显示，"防滑"、"天花颜色"两项因子在小于 1%（$p < 0.01$）水平上呈现显著差异，"隔音"、"墙面安全扶手的安全性"两项在小于 5%（$p < 0.05$）水平上呈现显著差异。其中，对于"防滑"、"隔音"、"墙面安全扶手的安全性"成年子女给出的重要度评分高于准老人及老年人，而对"天花颜色"的重视度，准老人及老人显示比成年子女高（见表 26）。

表 26　根据年龄的空间因子重要度评价差异　n=460

区分		N	M	SD	t
防　滑	成年子女	261	4.37	0.051	2.769**
	准老年人及老年人	199	4.16	0.056	
墙的隔音	成年子女	261	3.85	0.059	2.254*
	准老年人及老年人	199	3.67	0.056	
墙面安全扶手的安全性	成年子女	261	4.09	0.059	2.138*
	准老年人及老年人	199	3.91	0.059	
天花颜色	成年子女	261	3.62	0.058	−2.453**
	准老年人及老年人	199	3.83	0.060	

注：* p<0.05、** p<0.01、*** p<0.001，平均值 5 分为满分。

(2) 根据性别的老年教育空间设计因子的重要度评价差异

① 根据性别的工具因子重要度评价差异

为了了解根据性别的不同对于道具因子的重视度是否存在差异，本书就男性与女性样本的重要度评价差异进行了 T-TEST 分析。结果显示，共有 24 项呈现显著差异，均为女性给出的重要度评分高于男性。其中，对于轮椅专用席的设置这一项的重要度评价差异最为显著，在 0.1%($p < 0.001$)水平上呈现显著差异。其次是“桌椅的规格”、“家具的材质”、“卫生间位置的导视”三项在 1%($p < 0.01$)水平上呈现显著差异。“屏幕的视野范围”、“屏幕的高度”、“屏幕大小”、“扬声器的间距”、“座位的排列方式”、“家具摆放后的通畅性”、“室内活动的类型及产生的热量”、“私人区域的设置”、“家属区域的设置”、“桌椅的种类”、“桌椅的可调性”、“家具的安全性”、“照明的亮度”、“照明的均匀度”、“照明的可调性”、“照明的亮度”、“照明亮度的可调性”、“家具的安全性”、“标识的字体”、“布告板的设计”、“安全警报系统”等项在小于 5%($p < 0.05$)水平上呈现显著差异。可见女性对于环境细节的要求高于男性(见表 27)。

表 27　根据性别的工具因子重要度评价差异　n=460

区　分		N	M	SD	t
屏幕的观看视野范围	男	194	4.04	0.05	−1.983*
	女	266	4.18	0.047	
屏幕的高度	男	194	4.11	0.054	−2.311*
	女	266	4.27	0.047	
屏幕大小	男	194	3.96	0.052	−2.129*
	女	266	4.12	0.048	
扬声器的间距	男	194	3.74	0.059	−2.095*
	女	266	3.91	0.051	
座位的排列方式	男	194	3.88	0.054	−2.196*
	女	266	4.05	0.052	

（续表）

区　　分		N	M	SD	t
家具摆放后过道的通畅性	男	194	4.02	0.058	−2.199*
	女	266	4.19	0.051	
室内活动特性及产生的热量	男	194	3.74	0.059	−2.415*
	女	266	3.94	0.053	
私人区域的设置	男	194	3.48	0.064	−2.457*
	女	266	3.7	0.058	
家属区域的设计	男	194	3.56	0.068	−2.298*
	女	266	3.77	0.058	
轮椅专用席的设置	男	194	4.03	0.061	−4.034***
	女	266	4.33	0.047	
桌椅的规格	男	194	3.87	0.052	−2.944**
	女	266	4.09	0.05	
桌椅的种类	男	194	3.69	0.058	−2.553*
	女	266	3.89	0.055	
桌椅的可调性	男	194	3.83	0.055	−2.221*
	女	266	4	0.052	
家具的材质	男	194	3.78	0.064	−2.926**
	女	266	4.02	0.052	
家具的安全性	男	194	4.09	0.058	−2.565*
	女	266	4.27	0.045	
照明的亮度	男	194	3.96	0.059	−2.282*
	女	266	4.14	0.054	
照明亮度的均匀性	男	194	3.85	0.056	−2.471*
	女	266	4.03	0.049	
照明亮度的可调性	男	194	3.84	0.052	−2.266*
	女	266	4.01	0.051	
标识字体	男	194	3.89	0.056	−2.666*
	女	266	4.1	0.056	

（续表）

区分		N	M	SD	t
布告板的设计	男	194	3.75	0.062	−2.249*
	女	266	3.94	0.053	
卫生间位置的导视	男	194	3.81	0.061	−3.172**
	女	266	4.08	0.057	
安全警报系统	男	194	4.18	0.060	−2.263*
	女	266	4.35	0.047	

注：* p<0.05、** p<0.01、*** p<0.001，平均值5分为满分。

② 根据性别的气候因子重要度评价差异

为了了解根据性别的不同对于气候因子的重视度是否存在差异，本书就男性与女性样本的重要度评价差异进行了T-TEST分析。结果显示，"学生密度及产生的热量"、"通风频率"两项在小于5%的水平上($p<0.05$)呈现显著差异。均为女性给出的重要度评分高于男性(见表28)。

表28　根据性别的气候因子重要度评价差异　n=460

区分		N	M	SD	t
学生密度及产生的热量	男	194	3.96	0.055	−2.149*
	女	266	4.12	0.048	
通风频率	男	194	3.92	0.055	−2.166*
	女	266	4.08	0.051	

注：* p<0.05、** p<0.01、*** p<0.001，平均值5分为满分。

③ 根据性别的空间设计因子重要度评价差异

为了了解根据性别的不同对于空间因子的重视度是否存在差异，本书就男性与女性样本的重要度评价差异进行了T-TEST分析。结果显示"紧急窗口"、"窗开关的高度"、"窗的闭合方向"、"门缝的防夹手装置"5项在小于5%的水平上($p<0.05$)呈现显著差异。"地毯的固定性"、"手动门的闭合方便性"在小于1%的水平上($p<0.01$)呈现显著差异。均为

女性给出的重要度评分高于男性(见表 29)。

表 29 根据性别的空间设计因子重要度差异 n=460

区分		N	M	SD	t
地毯的固定性	男	194	3.91	0.056	−2.849**
	女	266	4.13	0.053	
紧急窗口	男	194	4.13	0.060	−2.253*
	女	266	4.31	0.050	
窗户开关的高度	男	194	3.83	0.063	−2.117*
	女	266	4	0.053	
窗的闭合方向	男	194	3.69	0.063	−2.281*
	女	266	3.88	0.056	
门的开关按钮的位置	男	194	3.82	0.056	−2.291*
	女	266	4	0.053	
手动门的闭合方便性	男	194	3.75	0.059	−2.738**
	女	266	3.97	0.052	
门缝的防夹手装置	男	194	3.99	0.061	−2.202
	女	266	4.17	0.054	

注:* $p<0.05$、** $p<0.01$、*** $p<0.001$,平均值 5 分为满分。

这七项均属于安全方以及由于身高或力度差异女性感到不便的细节因子。因此,在今后的设计中,需针对女性群体进行更加体贴的设计。

(3) 根据学历的老年教育空间因子的重要度评价差异

为了了解根据学历的不同对于空间因子的重视度是否存在差异,本书就中低学历(大学本科以下)与高学历(大学本科及以上)样本的重要度评价差异进行了 T-TEST 分析。结果显示,对于工具因子以及气候因子并无显著差异。在空间因子方面,“扬声器的方向”、“扬声器的间距”、“扬声器的大小”、“照明的亮度”、“照明亮度的变化”五项的应答根据学历在小于 5%($p<0.05$)范围内存在显著差异。中低学历被试群对这五项的重要度评价都高于高学历被试群(见表 30)。

表 30　根据学历的老年教育空间设计因子重要度评价差异　　n=460

区	分	N	M	SD	t
扬声器的指向性	中低学历	125	3.93	0.085	2.11*
	高学历	335	3.73	0.044	
扬声器的间距	中低学历	125	3.97	0.083	2.074*
	高学历	335	3.79	0.043	
扬声器的大小	中低学历	125	3.92	0.084	2.040*
	高学历	335	3.74	0.044	
照明的亮度	中低学历	125	4.21	0.077	2.174*
	高学历	335	4.01	0.047	
照明亮度的变化	中低学历	125	4.08	0.070	2.057*
	高学历	335	3.91	0.044	

注：* $p<0.05$、** $p<0.01$、*** $p<0.001$，平均值 5 分为满分。

(4) 根据生活水平的老年教育空间设计因子重要度评价差异

为了了解哪些空间因子的重要度评价因生活水平的不同而存在显著差异，本书进行了 ANOVA 检验，调查结果发现，“家具的位置”、“家具的移动便利性”、“饮水台的位置”、“饮水台的高度”在小于 5%($p<0.05$)的范围内存在显著差异，“家具摆放后的过道通畅性”、“照明的种类”在小于 1%($p<0.01$)的范围内存在显著差异。另外，根据事后检验的结果显示，对“家具摆放后的过道通畅性”、“家具的位置”、“家具的移动便利性”、“照明的种类”、“饮水台的高度”的评价中，高经济水平与中低经济水平的群体存在差异，高经济水平被试群的评分低于中低经济水平被试群的评分。另外，在“饮水台的位置”一项中，高经济水平被试群与中低经济水平的被试群的观点存在显著差异，高经济水平被试群的评价低于中低经济水平被试群者的评价(表 31)。在具有群体间差异的六项因子中，五项中低经济水平群体的重要度评价比高经济水平群体高。表明中低经济水平群对于这些因子的主观需求更大。

表 31　根据生活水平的老年教育空间设计因子重要度评价差异　n=460

空间因子	生活水平	f	M	SD	df	F	Duncan
家具摆放后通道的通畅性	下	167	4.11	0.059	2	7.407**	A
	中	220	4.23	0.052			A
	上	73	3.81	0.123			B
家具的位置	下	167	3.86	0.057	2	3.586*	B
	中	220	3.89	0.056			A
	上	73	3.6	0.103			A
家具的移动方便性	下	167	3.88	0.07	2	4.127*	A
	中	220	3.95	0.057			A
	上	73	3.6	0.128			B
照明的种类	下	167	4.2	0.06	2	6.655**	A
	中	220	4.23	0.054			A
	上	73	3.85	0.095			B
饮水台的位置	下	167	4.01	0.062	2	4.125*	A
	中	220	3.88	0.059			BB
	上	73	3.66	0.128			B
饮水台的高度	下	167	4.05	0.061	2	3.274*	A
	中	220	4.01	0.058			A
	上	73	3.75	0.118			B

注：* p<0.05、** p<0.01、*** p<0.001，平均值 5 分为满分。

2. “对老年教育环境的认识”与“老年教育空间设计因子重要度评价”的相关关系

分析结果发现，“老年教育的重要性”和“对整体老年教育空间设计因子的认识”在小于1%(** p < 0.01)的范围内存在显著关系，两者正相关，越是认为在“成功老龄化”的过程中老年教育起着重要作用的人，越是认为屏幕、扬声器、家具、照明、温度、热度、空气质量、地面、窗、门、墙、天花

等因子是老年教育空间设计中比较重要的子因子(见表32)。

表32　对老年教育环境的认识与老年教育空间设计因子重要度的相关关系

n=460

区　　分	M	SD	N
家　　具	3.875	0.557	460
照　　明	3.982	0.615	460
其他工具	3.918	0.636	460
温　　度	3.986	0.651	460
热　　度	4.008	0.649	460
湿　　度	3.989	0.689	460
空　　气	4.038	0.642	460
地　　面	3.995	0.623	460
窗	3.843	0.624	460
门	3.951	0.669	460
墙	3.905	0.660	460
天　　花	3.668	0.781	460
老年教育的重要性	4.250	0.888	460
对于老年教育设施的认知度	2.870	1.053	460
学习环境的重要性	4.05	0.803	460
老年教育的参与意向	3.95	0.867	460

注：* $p<0.05$、** $p<0.01$、*** $p<0.001$，平均值5分为满分。

根据相关关系分析，对老年大学等老年教育设施的认知度与对整体老年教育空间因子的认识并无显著的相关关系，但对学习环境的重要性评价与对整体老年教育空间因子的认知度在1%的水平上存在显著的相关关系，两者关系为良性关系，越是认为学习环境重要的人越是认为老年教育环境的整体空间因子的设计重要。

另外，老年教育参与意向和对老年教育设施的认知度也在小于1%(** $p<0.01$)的水平上存在显著的相关关系，并且正相关。其表明越是参与意向强烈的人，越是重视老年教育空间的设计(见表33)。

表 33　对老年教育环境的认知差异与老年教育空间设计因子重要度评价的相关关系

n=460

项　目	屏幕	音响	家具	照明	其他工具	温度	热度	湿度	空气	地面	窗	门	墙	天花	老年教育的重要度
屏幕	1														
音响	.671**	1													
家具	.629**	.684**	1												
照明	.615**	.621**	.795**	1											
其他工具	.574**	.607**	.779**	.838**	1										
温度	.498**	.547**	.656**	.713**	.676**	1									
热度	.490**	.513**	.669**	.658**	.645**	.616**	1								
湿度	.504**	.501**	.634**	.664**	.663**	.634**	.631**	1							
空气	.582**	.567**	.648**	.692**	.702**	.651**	.611**	.692**	1						
地面	.584**	.578**	.752**	.765**	.783**	.661**	.671**	.657**	.734**	1**					
窗	.517**	.579**	.703**	.713**	.757**	.614**	.575**	.630**	.678**	.777**	1**				
门	.522**	.583**	.762**	.718**	.750**	.637**	.633**	.662**	.696**	.793**	.820**	1**			
墙	.505**	.568**	.732**	.723**	.771**	.639**	.605**	.668**	.678**	.806**	.797**	.850**	1**		
天花	.351**	.495**	.608**	.535**	.604**	.492**	.470**	.487**	.492**	.597**	.672**	.712**	.746**	1**	

（续表）

项目	屏幕	音响	家具	照明	其他工具	温度	热度	湿度	空气	地面	窗	门	墙	天花	老年教育的重要度
老年教育的重要性	.246**	.201**	.242**	.294**	.299**	.268**	.250**	.229**	.265**	.325**	.263**	.199**	.231**	.110**	1**
对老年教育设施的认知度	−0.042	0.048	0.033	0.076	0.014	−0.045	0.025	0.007	−0.063	0.05	0.017	0.054	0.032	0.073	1
学习环境的重要性	.430**	.421**	.447**	.452**	.438**	.426**	.367**	.434**	.455**	.442**	.416**	.436**	.406**	.307**	1**
老年教育参与意向	.326**	.232**	.287**	.273**	.302**	.269**	.290**	.209**	.229**	.330**	.237**	.260**	.294**	.207**	1**

注：* $p<0.05$、** $p<0.01$、*** $p<0.001$，平均值 5 分为满分。

第六章　老年教育空间设计指南

——基于“成功老龄化理论”

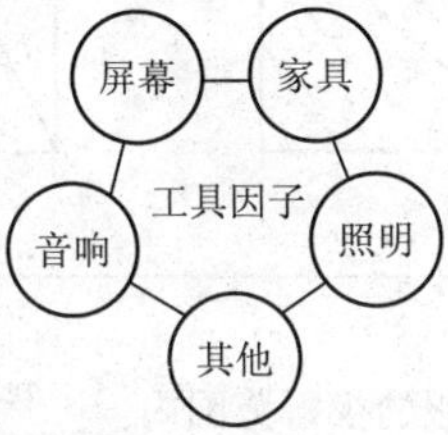

第一节　工具因子的设计指南

设计指南说明：该设计指南由老年教育空间的各级设计因子、基础指南、设计因子的重要度排序、具体的平均分值、是否为必备项、对“成功老龄化”的作用、基于基础指南的详细定量式说明或延伸内容组成。文中[A][e]等标注为参考资料的代码，详细见表6。

1. 屏　　幕

(1) 屏幕的观看角度

● **基础指南：屏幕应设置在观看角度较好的视听区域。**

◆ 重要度排序：第16位(平均分值4.03分/满分5分)
◆ 必备项
◆ 对“成功老龄化”的作用：提供身体层面的支援

▶ 屏幕应根据教室的空间形状选择其安装位置。

▶ 屏幕应设置在观看角度较好的视听区域。

——一般情况下，半径为大于屏幕宽度两倍的扇形区域属于较好的视听区域。[A]

——如教室的形状是正方形，屏幕的位置更适宜设置在教室的两个角落，从而确保更多的座位能够在良好的视听范围内（见图 A）。[A]

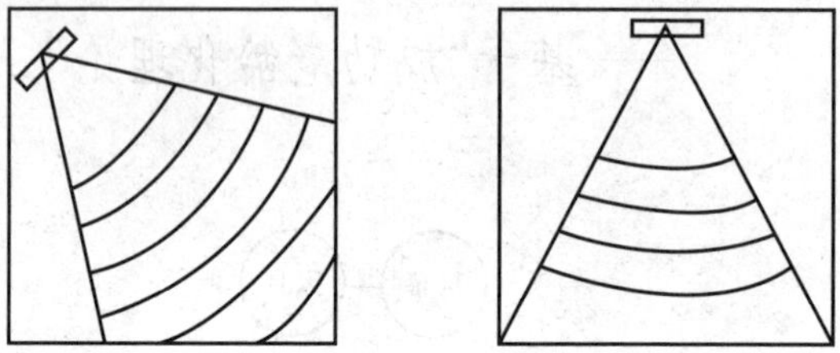

A　　　　B

(2) 视野范围

● **基础指南：屏幕应设置在舒服的视野范围内。**

◆ 重要度排序：第 9 位（4.12 分/满分 5 分）

◆ 必备项

◆ 对“成功老龄化”的作用：提供身体层面的支援

▶ 黑板和屏幕的位置应设置在老年人舒适的视野范围内。

通常情况下，以眼球的垂直线为轴，右眼向右的可视范围为 94°，向左的可视范围为 62°。左眼向左的可视范围是 94°，向右可视范围是 62°。因此，左右眼同时作用时的可视范围为 124°。[I]

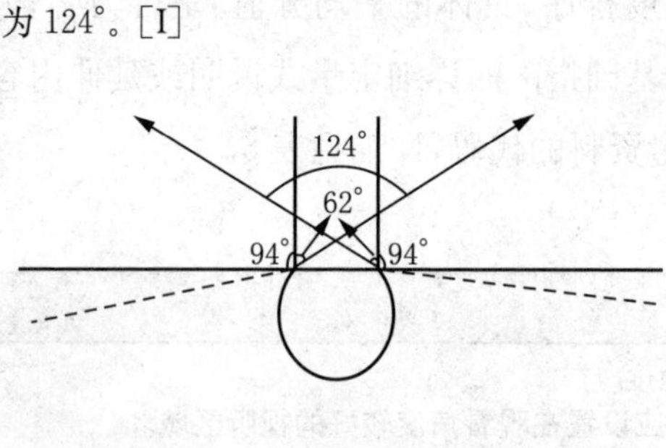

▶ 此外，人识别物体、字、字母、颜色的最佳视野范围不同。

所以，对于视力退化的老年人，应将各媒体的可识别范围反映到设计中，以提高有效识别度（资料来源：丁玉兰：《人机工程学》，北京理工大学出版社 2011 年版）。

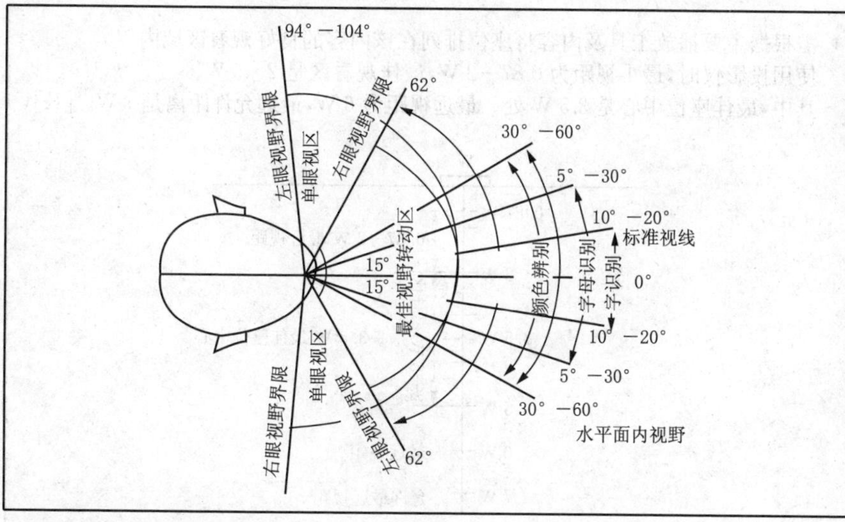

(3) 屏幕与学生的距离

● **基础指南:设定屏幕与学生的距离时,应最大化地利用良好座位区。**

◆ 重要度排序:第 14 位(平均分值 4.05 分/满分 5 分)
◆ 必备项,可选项,可忽略项
◆ 对"成功老龄化"的作用:提供身体层面的支援

▶ 一般来讲,座位与屏幕最佳距离 2 W(投影图像宽度＝W)以上,6 W 以内。
严格来讲,学生座位距离屏幕最小不应小于投射面宽度,最大不应大于投射面宽度的6 倍。[A]
如教室的宽度(设有屏幕的墙面与对面墙的距离)为 6 m,那么屏幕宽度应为 1 m,公式:(6÷6＝1),也就是说建议使最后一排的座位安排在 6 W 范围内。[A]
并且将座位尽可能安排在距中心线 30°的圆锥范围内。[H]

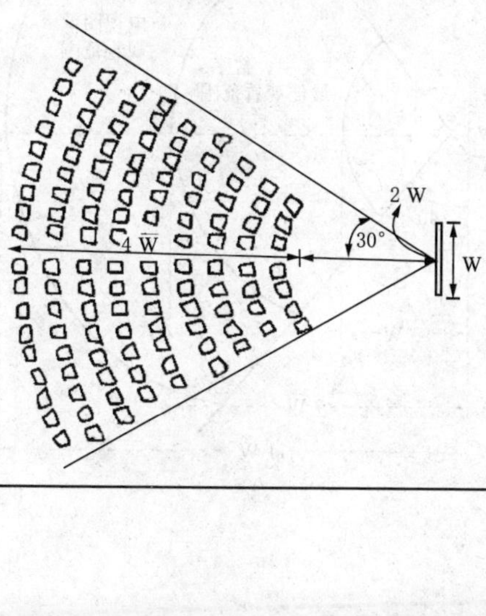

▶ 需根据主要播放工具及内容将座位排列在该内容的良好观看区域内。
使用投影仪时，最小视距为 0.87—2 W，最佳观看区是 2—5 W。
其中，最佳座位中心是 3.5 W 处。最远视距为 6 W，最远允许距离是 7 W。[K]

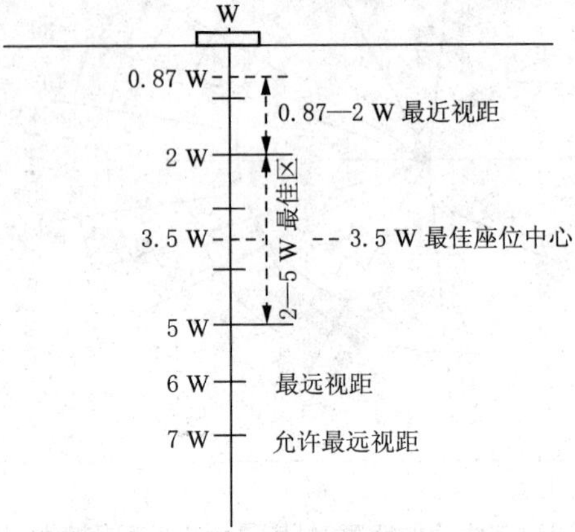

当采用电视设备放映图像时，最小视距为 3 W，最大视距为 11—12 W。
文字、数字的最佳观看距离为屏幕的 7 倍(7 W)内。
电视图像的观看范围是屏幕宽度的 11 倍(11 W)内。
并且将座位尽可能安排在距中心线 40°的圆锥范围内。[K]

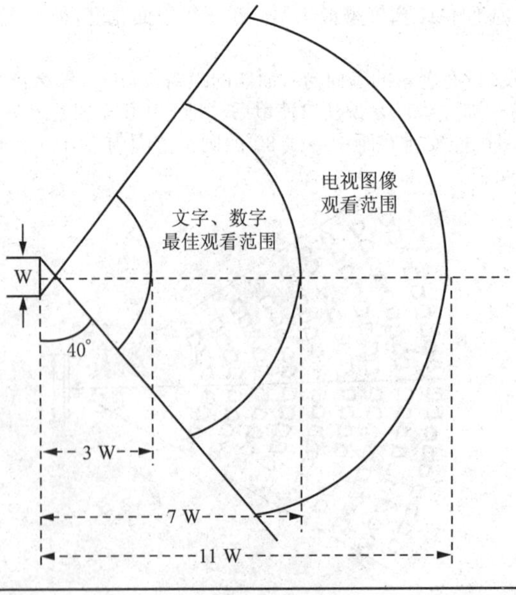

(4) 屏幕的高度

● **基础指南：屏幕的高度以及老年人的仰角需适度。**

◆ 重要度排序：第 3 位(平均分值 4.20 分/满分 5 分)
◆ 必备项
◆ 对"成功老龄化"的作用：提供身体层面的支援

▶ 设置屏幕高度时，需以最前排的学生的视线为基准，屏幕的低端设置应比最前排学生的视线高一点(约 1.2 m 处)。[A]

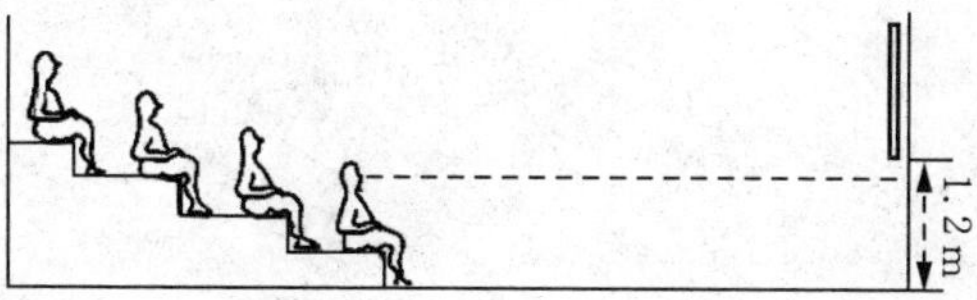

▶ 屏幕的高度不应使仰角超过 30°。
虽然屏幕设置越高，可以保证越多的学生处于较好的视听区域，但这会使学生长时间仰望并导致颈部肌肉僵硬，易产生疲劳。因此，需注意学生观看屏幕时仰视的角度不要超过 30°。[A]

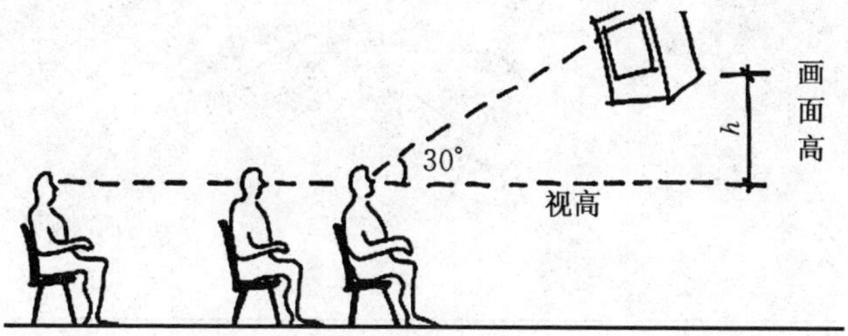

▶ 屏幕摆放的高度应保证观众仰视线与屏幕之间角度大于 45°。[K]

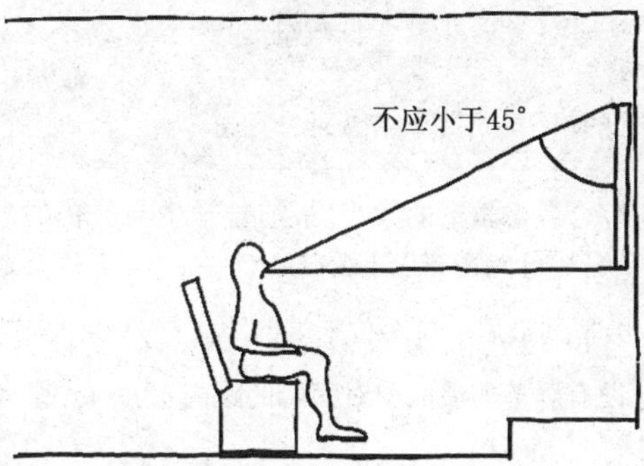

▶ 人对图、文字、字母，以及色彩的识别度都有所不同，每种传达方式的最佳视野角度也不同。

因此，设置屏幕高度时，应考虑学生群体主要课程的主要信息传达方式。

应重点考虑播放次数最多的内容的最佳角度，将相应传达形式的最佳识别角度考虑到设计当中，以提升授课者的体验(资料来源：丁玉兰:《人机工程学》,北京理工大学出版社 2011 年版)。

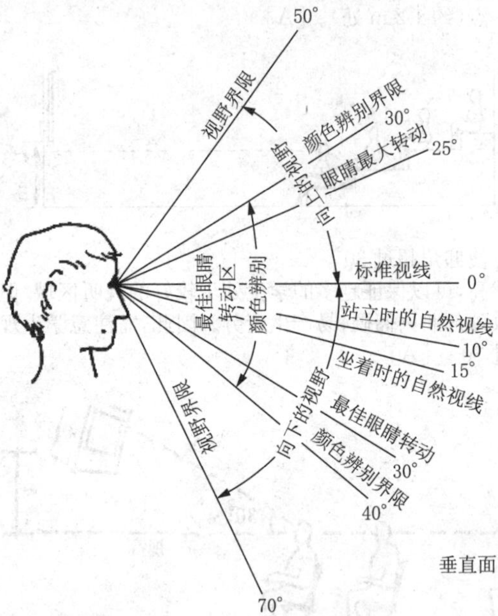

垂直面内视野

(5) 屏幕的大小

● **基础指南：根据教室的规模设置大小适当的屏幕。**

◆ 重要度排序：第 14 位(平均分值 4.05 分/满分 5 分)
◆ 必备项
◆ 对"成功老龄化"的作用：提供身体层面的支援

▶ 选用屏幕时，应综合考虑教室的大小，最前排学生与屏幕的最小视距离等因素。选择屏幕的大小需尽可能遵守以下公式：

屏幕到最后一排座位末端的距离÷6=屏幕的宽度

如教室的宽度(设有屏幕的墙面与对面墙的距离)为 6 m，那么屏幕宽度应为 1 m (6÷6=1)[A]

2. 音　响

(1) 扬声器的类型

● **基础指南：根据教室的规模、结构，天花的高度设置合适的扬声器。**

◆ 重要度排序：第 24 位(平均分值 3.95 分/满分 5 分)
◆ 必备项，可选项
◆ 对“成功老龄化”的作用：提供身体层面的支援

▶ 背景噪音较大的教室需在天花多处分别设置多个小型扬声器。[A]
▶ 层高较高的讲堂或大规模的学习空间需注意要做到声扬均匀，且保证足够的声级。建议安装 high level 中央集中式扬声器，或多处分散布置小型扬声器使听众区的直达声均匀，并尽量减少回音。[A]
▶ 教室层高较低或狭长的情况应布置多点分散式音响系统。[A]

(2) 扬声器的音质

● **基础指南：根据具体音效要求使用适当的音箱。**

◆ 重要度排序：第 21 位(平均分值 3.98 分/满分 5 分)
◆ 可选项
◆ 对“成功老龄化”的作用：提供身体层面的支援

▶ 对于 100 座左右的教室，混响时间指标非常重要，较为理想的满场设计值是中频 0.4—0.5 s。超过 0.6 s，清晰度会受到影响。[K]

(3) 扬声器的位置

● **基础指南：音箱应设置在与学生的头部平行的水平面上，并保持合理的间距。**

◆ 重要度排序：第 52 位(平均分值 3.68 分/满分 5 分)
◆ 可选项
◆ 对“成功老龄化”的作用：提供身体层面的支援

▶ 扬声器需设置在屏幕附近听众的头部高度处，并需面向听众。[A]
▶ 如将扬声器安装在教师使用的话筒后侧，通过扬声器传达的教师的二次扩大音将再次进入话筒，导致重音的产生。因此，教师使用的麦克风后侧不宜安装扬声器。

(4) 音箱的间隔

● **基础指南：需以适当的间隔使用分散式音箱。[A]**

◆ 重要度排序：第 35 位(平均分值 3.84 分/满分 5 分)
◆ 可选项
◆ 对“成功老龄化”的作用：提供身体层面的支援

▶ 在传统形式的教室中，教室前方的两个扬声器需保持均衡，并保持间距约 4.5—5.4 m。[A]

▶ 在普通传统式教室，两个扬声器的间距(a)等于其中心点(A 点)到听众的中央(B 点)的距离(b)时，其间距较为理想。[A]

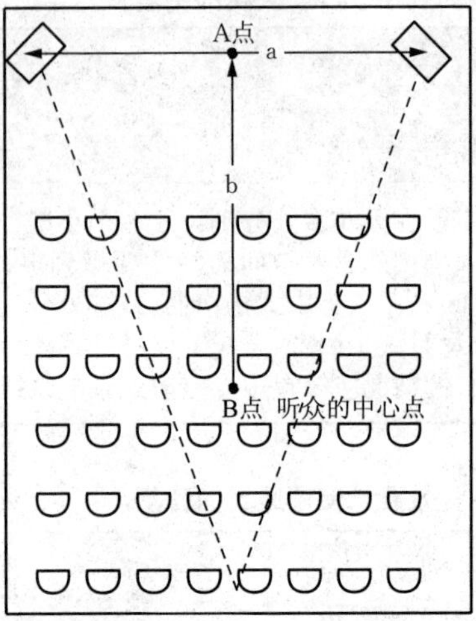

(5) 音箱的大小

● **基础指南：在合适的空间设置大小适当的扬声器。**

◆ 重要度排序：第 42 位(平均分值 3.79 分/满分 5 分)
◆ 可选项
◆ 对"成功老龄化"的作用：提供身体层面的支援

▶ 一般来讲，扬声器越大，低频音质就越好。
选用扬声器时，应考虑其在水平空间可包容的声音范围更小这一特性，因此，应选用大小合适的扬声器，并安装在合适的空间。[A]

(6) 声音的指向性

● **基础指南：需根据声源的位置，教室的形态等因素设定声音的指向。**

◆ 重要度排序：第 43 位(平均分值 3.78 分/满分 5 分)
◆ 可选项
◆ 对"成功老龄化"的作用：提供身体层面的支援

▶ 大教室授课如使用单一音响，声音传播方向应指向听众的头顶上方。[H]
▶ 使用内置扬声器时，需确认扬声器位于机器的哪一侧，如根据内置的位置其指向性是学生的反方向，就该将整个器材旋转 180°，以确保扬声器指向大多数学生。[A]
▶ 在较为狭长的空间使用分离式扬声器时，需将扬声器面向学生，声音的指向应相同或平行于对角线。

以避免在狭长的空间声音多次反射，并导致延长混响时间。[A]

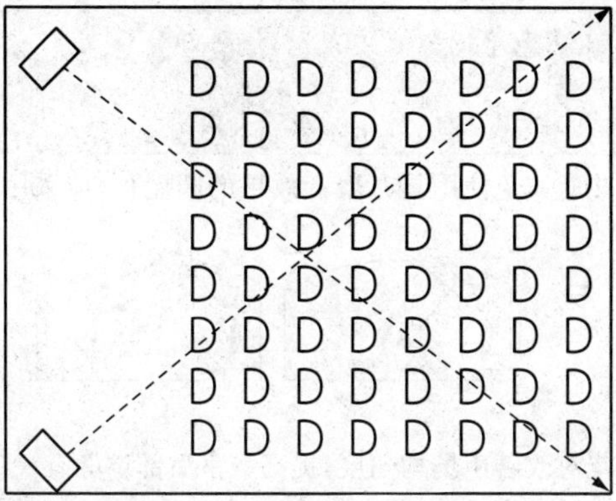

(7) 清除传声障碍物

● **基础指南：需清除阻挡传声的物体，并切断噪音。**

◆ 重要度排序：第40位（平均分值3.81分/满分5分）
◆ 可选项
◆ 对"成功老龄化"的作用：提供身体层面的支援

▶ 需清除所有障碍因子，以保证传声通道通畅。[A]
▶ 学生区需增加吸声量，有效地减少学生本身的噪音，加强学生交流。[K]
▶ 教室地面与后面需使用地毯等吸音材料，从而减少反射量，并大量吸音，以缩短混响时间。[A]
▶ 隔离两个空间时，建议使用两道墙（哪怕是薄墙），使两道墙间形成中空隔墙。[C]
▶ 两个空间之间的墙体上的钥匙孔或换风口等也是传达噪音的通道，在100 ft^2中，1英寸的四方小孔的传声阻碍度为40 dB左右。[C]
 ＊1 foot 英尺（呎）＝30.48 centimetres（厘米）
▶ 走廊、储藏室等非学习空间可用为缓冲空间，将学习空间从噪音的发源地隔离开，以达到防止听觉散漫的目的。[H]
▶ 与洗手间等空间连接的空间需做好隔音墙。[H]
▶ 建议将噪音大的活动安排在与教室外部或噪音来源相临的空间。[H]
▶ 建议将噪音较大的活动群组化，集中控制噪音，以免干扰其他空间。[H]
▶ 普通教室之间的隔墙应具有45 dB以上隔音量，并要避免因在墙体内嵌入的配电箱、接线箱等而使隔声性能大幅下降。[K]
▶ 教室之间主要通过走廊传声，因此，建议在走廊顶部做吸声吊顶，以减弱走廊的传声效应。[K]
▶ 教室的门也应有一定的隔音效果，并且具有良好的密封性能。[K]
▶ 走廊、台阶、大讲堂、音乐室等需要有一定吸音工程的空间，需使用吸声砖(acoustical tile)、声学软木塞(acoustical cork)、地毯等来控制声音。[A]

(8) 利于传声效果的空间形态

● **基础指南:需采用有助于扩音空间形态。**

◆ 重要度排序:第 27 位(平均分值 3.92 分/满分 5 分)
◆ 可选项
◆ 对"成功老龄化"的作用:提供身体层面的支援

▶ 学习空间的天花应避免使用具有聚音效果的圆屋顶,应采用有助于扩音效果的倾斜样式。[A]

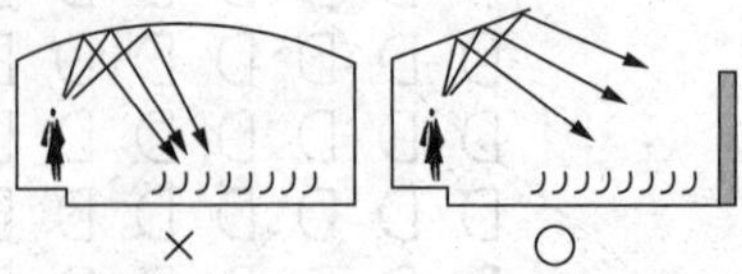

▶ 倾斜的前部天花对改善声场均匀度,提高教室后部声能有一定帮助。[K]

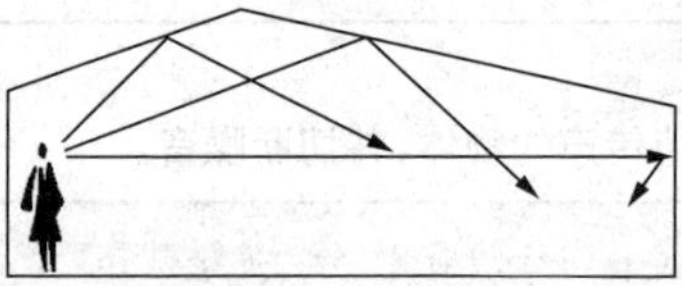

▶ 在大规模的学习空间,地面和天花需适当倾斜,以提高传声效果。[A]

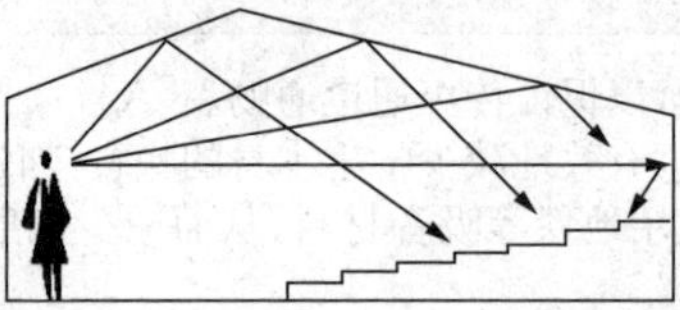

▶ 如左右两侧墙体平行很容易产生声音的多次反射现象。
因此,为了缩短传声时间,大规模学习空间建议使用以声源为中心的扇形平面,以便声音的扩散。[A]

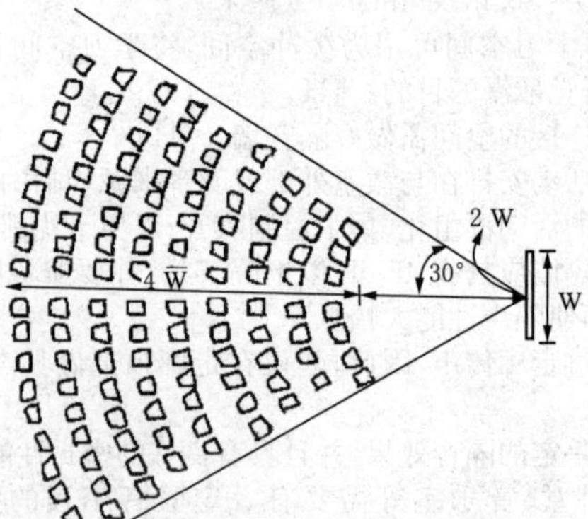

▶ 需充分利用天花的近次反射声，加强教室后部的声能。
（主要用于500人左右的大讲堂。）[K]

▶ 合理布置吸声材料，把混响时间控制在合适的水平，并且避免出现回声、多重回声等声学缺陷。[K]

▶ 考虑到墙壁之间的共振，吸声材料一定不要集中放在天花板和地面，而要分散开。这样声场也会均匀。[K]

▶ 声源，即讲台的周围天花板建议使用助于反射的材料。
0.9—1.2 m×3 m以上的音响板(acoustical cloud)或共鸣板(sounding board)，以帮助扩音，以加强1次反射声 [A] [K]

3. 家　　具

(1) 座位的排列方式

● **基础指南：需根据老年人的学习内容以及播放媒体的种类将座椅摆放在良好的视听范围内。**

◆ 重要度排序：第21位(平均分值3.98分/满分5分)
◆ 可选项
◆ 对"成功老龄化"的作用：提供身体、心理、社会层面的支援

▶ 讲台和老年人的座位距离应保持在可视范围内的距离。[J]
▶ 座椅间的距离应设置在两位老年人方便对话以及握手的距离以内。[a]
▶ 座位的安排应满足老年人可以根据自身的性格和社交需求自由选择与他人维持适合的社会距离这一需求。

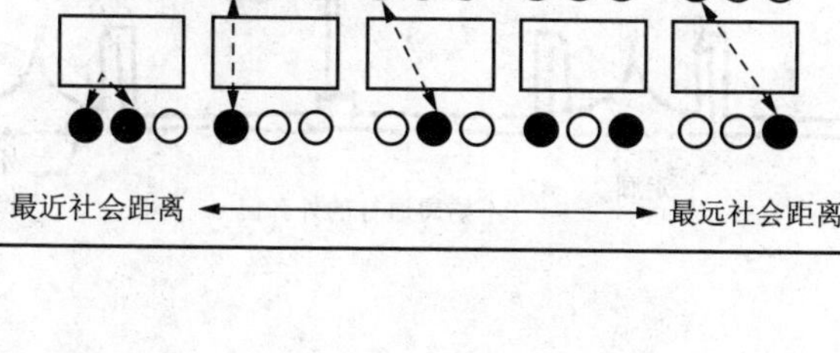

(2) 家具摆放后的过道通畅性

● **基础指南:需保证轮椅可通行的过道宽度。**

◆ 重要度排序:第 9 位(平均分值 4.12 分/满分 5 分)

◆ 必备项

◆ 对"成功老龄化"的作用:提供身体层面的支援

▶ 使用固定座椅时,前后座位的靠背间距需设置为 100 cm 以上。ⓐ

▶ 过道应不影响坐着的老年人两脚自然落地,同时也不影响通行的人的正常行动。为方便所有使用者,主通道宽度需设置为 120—180 cm,辅通道宽度应为 85 cm 以上。[e]

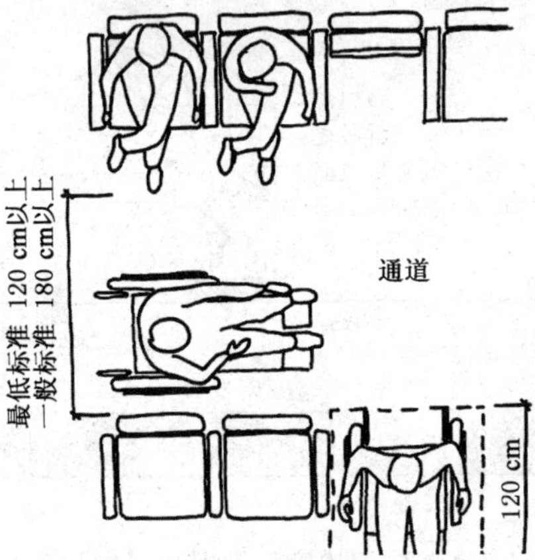

▶ 为了保证过道的通畅性,休息区、饮水区等公共区不应占用主通道,应设置在凹形区域内。[e]

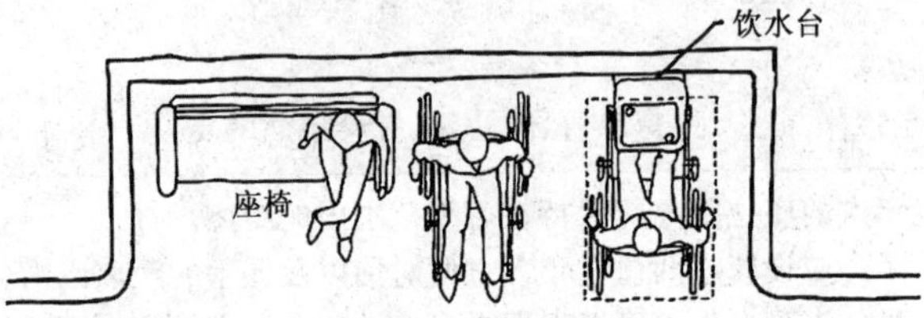

▶ 为了保证过道的通畅,以及考虑开门时的安全问题,教室的门不应占用主通道,也应设置在凹形区域内。[e]

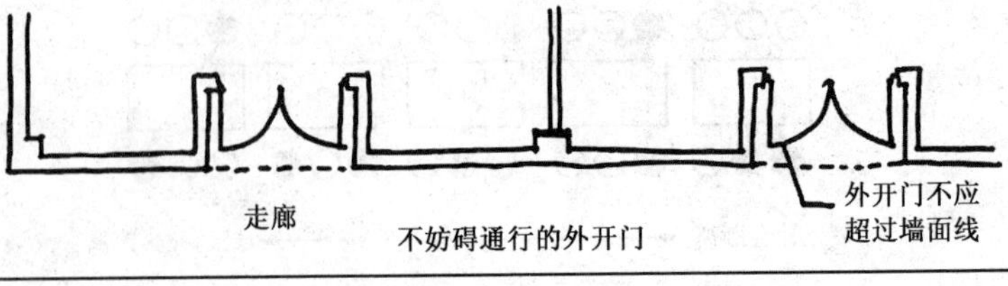

▶ 为使轮椅和拐杖、步行机等方便通过，过道的宽度应参考以下尺寸。[e]

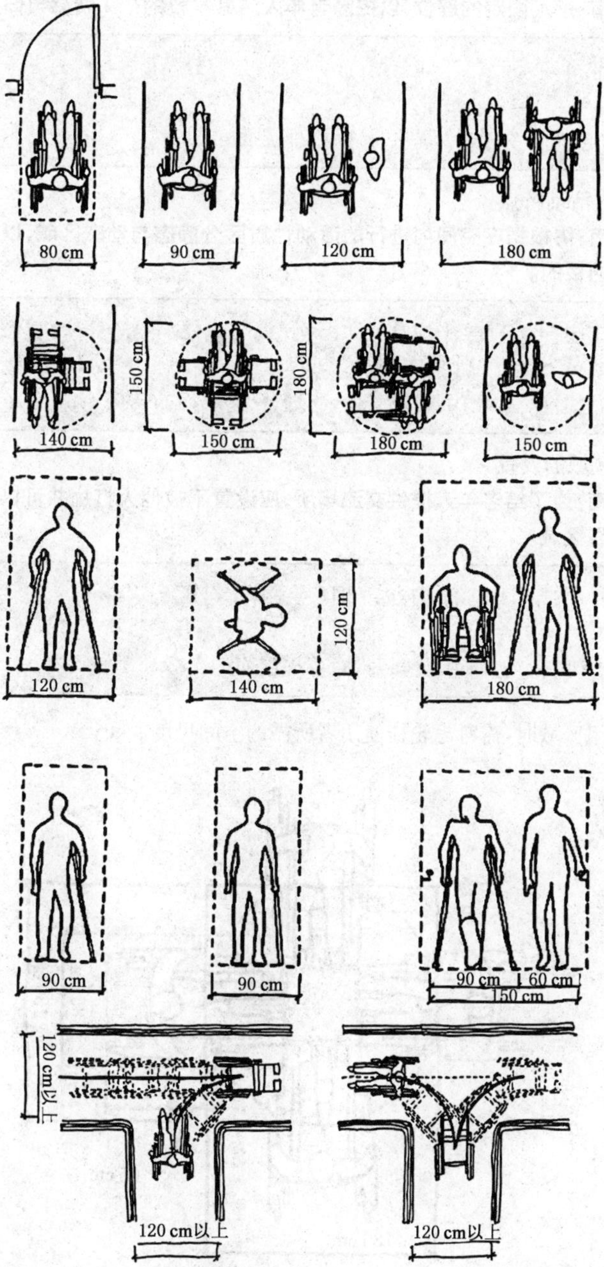

(3) 固定座位的指定

● **基础指南:指定固定的座位,以提高老年人对其学校的个人情感与归属感。**

◆ 重要度排序:第 59 位(平均分值 3.59 分/满分 5 分)
◆ 可选项
◆ 对"成功老龄化"的作用:提供身体、心理层面的支援

(4) 空间内活动特点

● **基础指南:需根据在空间内进行的活动性质区分静态与动态区域,以达到减少相互干扰的目的。**

◆ 重要度排序:第 34 位(平均分值 3.85 分/满分 5 分)
◆ 可选项
◆ 对"成功老龄化"的作用:提供身体、心理、社会层面的支援

(5) 小组区域的设置

● **基础指南:为了给老年人提供交流场所,应设置不被他人打扰并可以加强团队建设的小组区域。**

◆ 重要度排序:第 47 位(平均分值 3.75 分/满分 5 分)
◆ 可选项
◆ 对"成功老龄化"的作用:提供身体、心理层面的支援

▶ 设置小组区域时,需考虑轮椅使用者所需的空间尺度。[e]

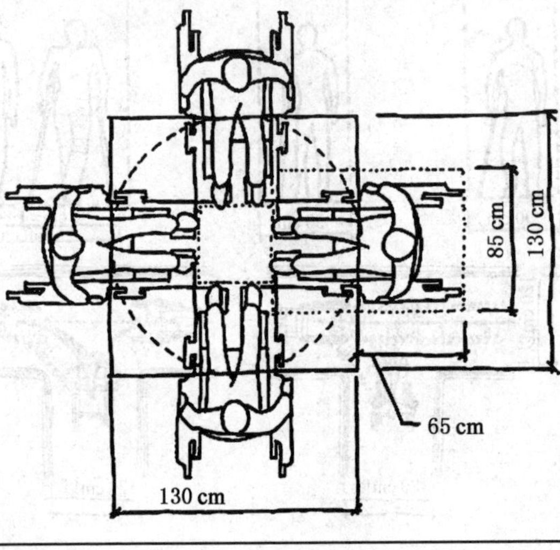

(6) 私人区域的设置

● **基础指南：应设置部分身体不适或性格内向的老年人可以不参与活动却能在旁观看的私人区域。**

◆ 重要度排序：第 54 位(平均分值 3.61 分/满分 5 分)

◆ 可选项

◆ 对"成功老龄化"的作用：提供身体、心理层面的支援

▶ 应尊重老年的性格，使老年人根据自己的心理需求选择所希望的心理距离。

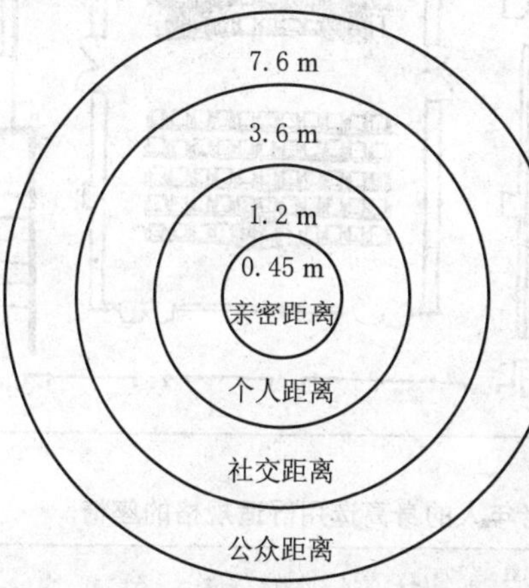

(7) 家属区域的设置

● **基础指南：应设有老年人的家人来访时方便暂时停留与交流的区域。**

◆ 重要度排序：第 52 位(平均分值 3.68 分/满分 5 分)

◆ 可选项

◆ 对"成功老龄化"的作用：提供身体、社会层面的支援

(8) 轮椅专用席的位置

● **基础指南：轮椅专用席应设置在无台阶、遇到紧急情况时易疏散的位置。**

◆ 重要度排序：第 3 位(平均分值 4.20 分/满分 5 分)

◆ 必备项

◆ 对"成功老龄化"的作用：提供身体层面的支援

▶ 轮椅专用席应设置在无地面高差的位置。

▶ 轮椅专用席应设于接近出入口，遇紧急情况时易撤离的安全位置。[e]

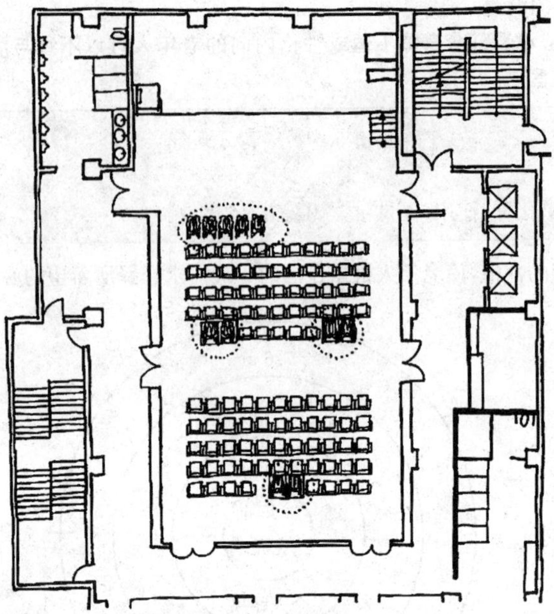

(9) 桌椅的规格

● **基础指南:需根据老年人的身高选用舒适规格的座椅。**

◆ 重要度排序:第 19 位(平均分值 4.00 分/满分 5 分)
◆ 必备项
◆ 对"成功老龄化"的作用:提供身体层面的支援

▶ 桌椅需正确选用符合老年人身高的尺寸。[F]

单位:cm

尺码	1	2	3	4	5	6	7	8	9	10	11	12
椅子高度	41	44	47	50	53	56	59	62	65	68	71	74
桌子	23	25	27	29	31	33	35	37	39	41	43	45
身高	100 未满	100 以上一 107 未满	107 以上一 114 未满	114 以上一 121 未满	121 以上一 128 未满	128 以上一 135 未满	135 以上一 142 未满	142 以上一 149 未满	149 以上一 156 未满	156 以上一 163 未满	163 以上一 170 未满	170 以上一 177 未满

▶ 桌子的高度应为"坐高/3×座椅的高度"。[E]
▶ 座椅的坐面高度应为下腿部(膝盖至脚底)的长度,[E]
需设置为脚底着地并方便起身的高度(约 35—43 cm)。[a]

▶ 选用桌椅时需考虑轮椅使用者也能够使用的高度(65—70 cm)。[e]

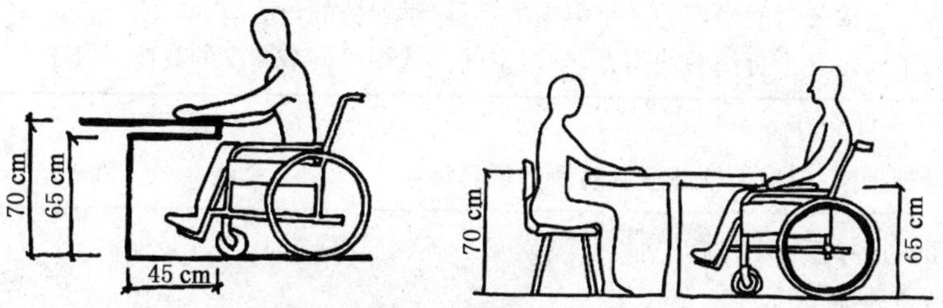

▶ 为了使老年人方便起身,坐垫不宜过厚。[a]
▶ 座椅坐面的角度应向后倾斜 4°,靠背的角度应向后倾斜 15°以下。[a]
▶ 座椅前后深度应为上腿部的长度(约 24—39 cm,具体根据身体条件)。[E]
▶ 座椅靠背的高度应为"坐高/3×座椅高度"。[E]
▶ 为了支撑老年人的身体并使其保持均衡,座椅扶手的前端应高于后端。扶手长度需大于座椅深度约+8 cm,以便老年人起身时容易抓握并支撑。[a]
▶ 为了使老年人方便起身,座椅坐面的前沿(膝盖后侧部分)应设置垫子或将其棱角设为圆形。[a]

(10) 桌椅的种类

● **基础指南:需选用学习与休息两功能兼备的座椅。**

◆ 重要度排序:第 40 位(平均分值 3.81 分/满分 5 分)
◆ 可选项
◆ 对"成功老龄化"的作用:提供身体层面的支援

▶ 为了在长时间静坐时能够适当活动,座椅建议使用可旋转式或根据需要可以摇动的椅子。[a]
▶ 使用时间较长的椅子需注意是否有支撑背部以下和颈部的靠垫。[a]
▶ 为了减轻老年人的腿部重力,建议使用带有脚蹬的安乐椅。[a]

(11) 桌椅的颜色

● **基础指南:桌椅的颜色使用温和的色调。**

◆ 重要度排序:第 51 位(平均分值 3.70 分/满分 5 分)
◆ 可选项
◆ 对"成功老龄化"的作用:提供身体、社会层面的支援

(12) 桌椅的可调性

● **基础指南:建议使用方便调节高度与角度的桌椅。**

◆ 重要度排序:第 26 位(平均分值 3.93 分/满分 5 分)
◆ 可选项
◆ 对"成功老龄化"的作用:提供身体层面的支援

▶ 为了减轻老年学习者的颈椎压迫感，学习桌的桌面应倾斜 7°左右。[A]
▶ 为了支撑长时间坐着的老年学生的脊椎，学习椅的角度应为 10°。[A]
▶ 为了满足各个身高的使用者，学习空间需选用可调节高度的桌椅。[F]

(13) 家具的材质

● **基础指南：使用柔软适度且防滑的家具材质。**

◆ 重要度排序：第 27 位(平均分值 3.92 分/满分 5 分)
◆ 可选项
◆ 对“成功老龄化”的作用：提供身体层面的支援

▶ 学习椅不宜使用过厚的垫子。[A]
▶ 如果学习椅的表面太滑，会使老年人无法保持正确的姿势。因此，学习椅的表面需采用摩擦力较大的材质。[A]
▶ 为了失禁老年人使用后便于清理，座位和靠背不宜成一体。[a]
▶ 为了方便移动需选用轻便的椅子。[a]

(14) 家具的安全性

● **基础指南：为避免老年人跌打损伤，建议除去家具的棱角。**

◆ 重要度排序：第 4 位(平均分值 4.20 分/满分 5 分)
◆ 必备项
◆ 对“成功老龄化”的作用：提供身体层面的支援

(15) 家具的位置

● **基础指南：从安全的角度出发，厚重且体积大的家具需放置在老年人的视平线以下，轻盈且体积小的物品可放在老年人视平线以上的位置。**

◆ 重要度排序：第 36 位(平均分值 3.83 分/满分 5 分)
◆ 可选项
◆ 对“成功老龄化”的作用：提供心理层面的支援

(16) 储物柜的位置

● **基础指南：储物柜应设置在便于老年人存取物品的位置。**

◆ 重要度排序：第 29 位(平均分值 3.90 分/满分 5 分)
◆ 可选项
◆ 对“成功老龄化”的作用：提供身体层面的支援

▶ 考虑到老年人不便弯腰储物柜的高度不宜太低，为了使坐轮椅的老年人方便使用，储物柜的高度不宜高于 140 cm。[d]

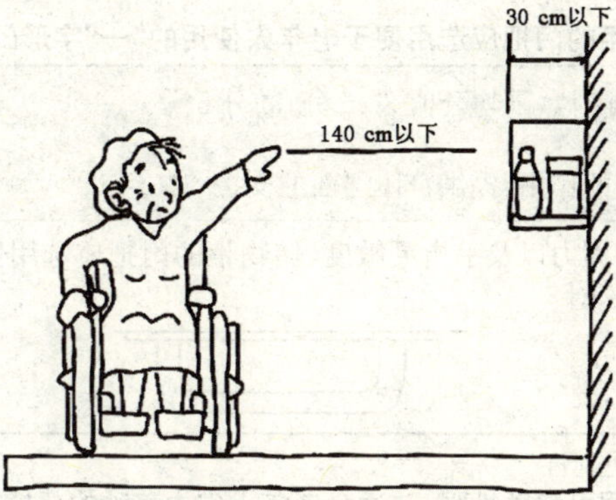

▶ 考虑到轮椅使用者动态尺寸的局限性，储物柜最佳高度为 40—120 cm。[e]

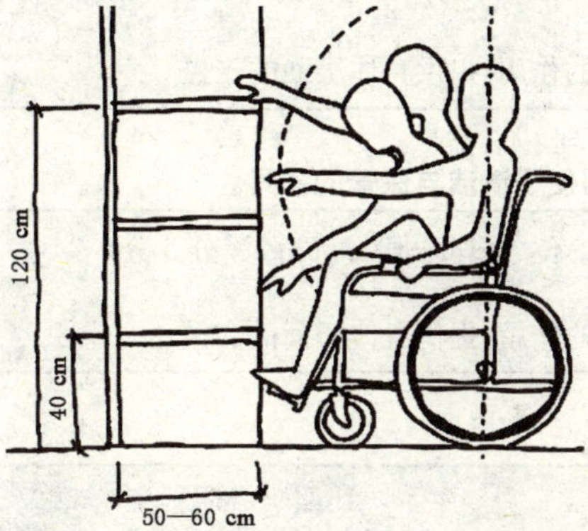

▶ 考虑到轮椅使用者，储物柜前应预留 120 cm 以上方便轮椅进出。
储物柜的深度不宜过深(约 45 cm)，储物柜的踢脚需预留出轮椅脚踏板可进出的空间。[e]

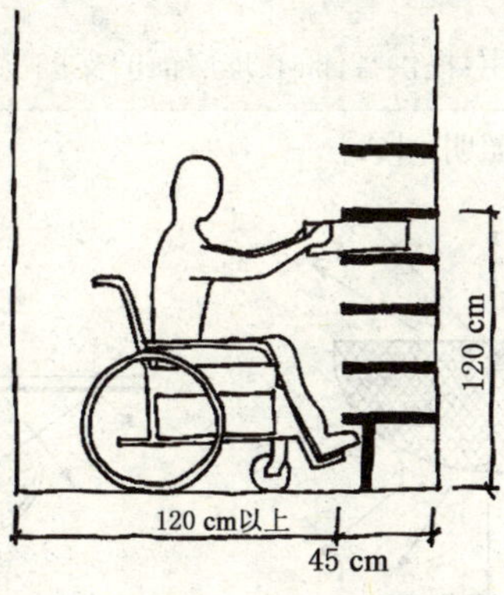

(17) 储物柜门把的形状

● **基础指南:储物柜的门把应选用便于老年人使用的“一”字形门把。**

◆ 重要度排序:第 47 位(平均分值 3.75 分/满分 5 分)
◆ 可选项
◆ 对“成功老龄化”的作用:提供身体层面的支援

▶ 考虑到老年人的握力以及手指灵敏度,储物柜的门把应选用便于老年人使用的“一”字形门把。[e]

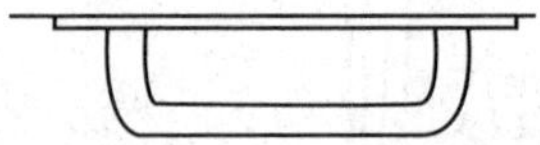

(18) 家具的移动便利性

● **基础指南:应使用可移动性强,并适合老年人省力移动的桌椅等学习家具。**

◆ 重要度排序:第 32 位(平均分值 3.87 分/满分 5 分)
◆ 可选项
◆ 对“成功老龄化”的作用:提供身体层面的支援

(19) 家具的清洁管理

● **基础指南:应使用便于清洁与保管的家具。**

◆ 重要度排序:第 25 位(平均分值 3.94 分/满分 5 分)
◆ 可选项
◆ 对“成功老龄化”的作用:提供身体层面的支援

4. 照 明

(1) 照明的种类

● **基础指南:应选用舒适并能够减轻视觉疲劳的照明。**

◆ 重要度排序:第 6 位(平均分值 4.16 分/满分 5 分)
◆ 必备项
◆ 对“成功老龄化”的作用:提供身体、心理层面的支援

▶ 需尽可能的使用间接照明。[A]

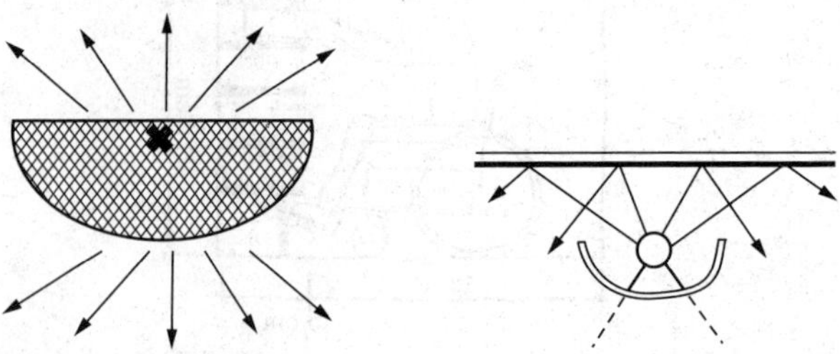

▶ 为了避免耀眼和过度的强光，建议使用整体扩散性照明方式。[a]
▶ 人工照明需根据作业目的而选用。[A]
▶ 为了满足阅读等需求需兼用局部照明。[a]
▶ 需通过柔光灯罩等减弱灯具的刺眼光线。[a]

(2) 照明的位置

● **基础指南：应根据照明的种类与活动性质选用远近适宜的位置。**

◆ 重要度排序：第 20 位(平均分值 3.99 分/满分 5 分)
◆ 必备项
◆ 对"成功老龄化"的作用：提供身体层面的支援

▶ 应根据照明的种类与空间内的功能需求设置与工作面远近适宜的位置。例如，餐桌应设置于离桌面 60 cm 处。[d]

(3) 照明的颜色

● **基础指南：需根据学习内容与老年人的心理需求选择并调整照明的色彩。**

◆ 重要度排序：第 29 位(平均分值 3.90 分/满分 5 分)
◆ 可选项
◆ 对"成功老龄化"的作用：提供身体、心理层面的支援

(4) 照明的照度

● **基础指南：需将照度控制在既能使老年人看清，又不刺眼的程度。**

◆ 重要度排序：第 12 位(平均分值 4.07 分/满分 5 分)
◆ 必备项
◆ 对"成功老龄化"的作用：提供身体层面的支援

▶ 学校的一般教室、特殊教室、图书室、教务室等主要学习空间的照度需设置为 150—300 lux。[I]
▶ 需根据空间的功能选用合适的照度，如需要高效能作业的空间照度越高越好，相反提供休息的空间需要一定程度的暗光。[I]

▶ 窗的大小需根据地面面积以及室内照度要求设定。室内可以使用照明器具和窗自然控制明度，如全天候照度为 5 000 lux，那么，根据地面面积和室内所需照度可以推算窗的面积(见下式)。[I]

$$室内所需照度 = 5\,000 \times 0.5 \times 0.4 \times \left(\frac{窗的面积}{地面面积}\right)(\text{lux})$$

▶ 需注意老年人所需要的照明的亮和照度是年轻人的三倍以上。[a]

(5) 照明的均匀度

● **基础指南：需确保照明的均匀度，避免眩光、强对比和阴影。[B]**

◆ 重要度排序：第 24 位(平均分值 3.95 分/满分 5 分)
◆ 可选项
◆ 对“成功老龄化”的作用：提供身体层面的支援

▶ 需避免视错觉防止老年人将物体视为投影，导致磕伤。

(6) 亮度等级的可调性

● **基础指南：照明需根据老年人的视力老化程度及学习内容而随意调整。**

◆ 重要度排序：第 25 位(平均分值 3.94 分/满分 5 分)
◆ 可选项
◆ 对“成功老龄化”的作用：提供身体层面的支援

(7) 亮度的变化

● **基础指南：需降低空间之间的亮度差距，或以设置缓冲地带的方式减少老年人的视觉刺激。**

◆ 重要度排序：第 23 位(平均分值 3.96 分/满分 5 分)
◆ 可选项
◆ 对“成功老龄化”的作用：提供身体层面的支援

(8) 照明的清洁与管理

● **基础指南：应选择便于更换零件并易于清洁的灯具。**

◆ 重要度排序：第 26 位(平均分值 3.93 分/满分 5 分)
◆ 可选项
◆ 对“成功老龄化”的作用：提供身体层面的支援

(9) 照明开关的种类

● **基础指南：照明开关应选用老年人也可以轻松使用的类型。**

◆ 重要度排序：第 29 位(平均分值 3.90 分/满分 5 分)
◆ 可选项
◆ 对“成功老龄化”的作用：提供身体层面的支援

▶ 考虑到老年人的手指灵敏度下降，按压式开关或感应式照明比起旋钮式开关更加适宜老年人。[A][e]

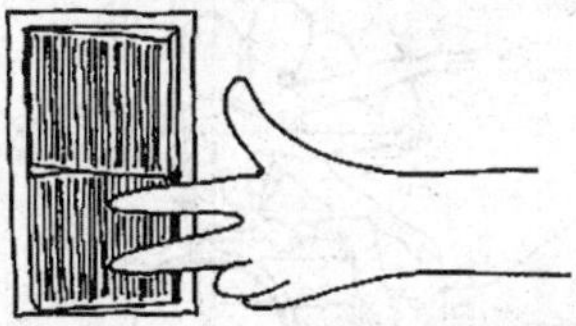

(10) 照明开关的位置

● **基础指南：照明开关的位置应设在明显、便于使用的位置。**

◆ 重要度排序：第 16 位(平均分值 4.03 分/满分 5 分)
◆ 必备项
◆ 对"成功老龄化"的作用：提供身体层面的支援

▶ 教室的照明开关应设在教师根据课堂需求便于控制的位置。[H]
▶ 考虑到老年人的手臂活动范围，照明的开关应设置在高度 75—95 cm 区间。[e]

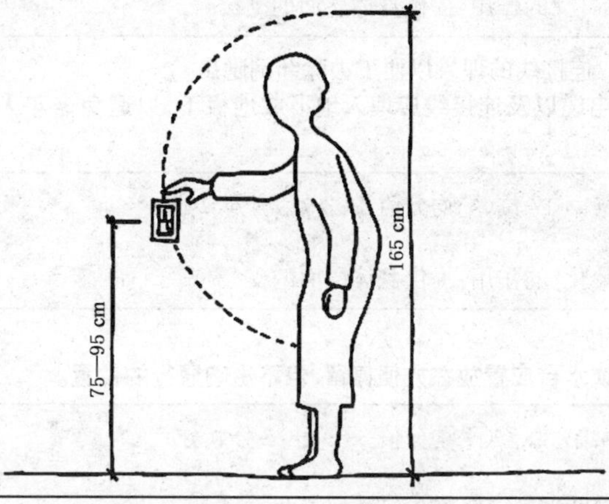

5. 其　　他

(1) 插座的位置

● **基础指南：插座应设置在便于使用的位置，避免设在需弯腰幅度较大的位置。**

◆ 重要度排序：第 29 位(平均分值 3.90 分/满分 5 分)
◆ 可选项
◆ 对"成功老龄化"的作用：提供身体层面的支援

▸ 考虑到使用轮椅时老年人的动态尺寸有限，插座的位置不能低于 35 cm。[e]

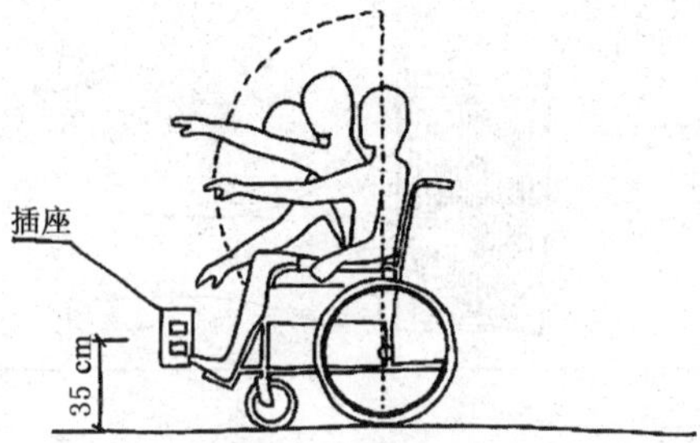

▸ 考虑到老年人的腰不宜大幅度弯下，插座的位置应适当调高，设置在至少离地面 60 cm 处。[A]

(2) 插座的数量

● **基础指南：插座数量应充足，并且插座间的间隔应排布适当。**

◆ 重要度排序：第 53 位(平均分值 3.66 分/满分 5 分)
◆ 可选项
◆ 对“成功老龄化”的作用：提供身体层面的支援

(3) 插座电线/连接线的埋入以便于去除绊倒隐患

● **基础指南：电缆以及连接线应埋入地下或地板下，以避免老年人被绊倒的安全隐患。**

◆ 重要度排序：第 17 位(平均分值 4.02 分/满分 5 分)
◆ 必备项
◆ 对“成功老龄化”的作用：提供身体层面的支援

(4) 饮水台的位置

● **基础指南：饮水台应置放在方便停留，但不影响通行的位置。**

◆ 重要度排序：第 30 位(平均分值 3.89 分/5 分满分)
◆ 可选项
◆ 对“成功老龄化”的作用：提供身体层面的支援

▸ 饮水台应置放在易找、易达、方便停留，不影响通行的位置。[e]

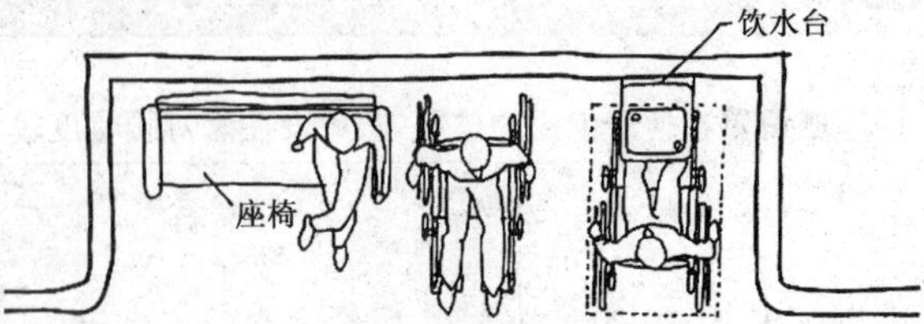

▶ 设置饮水台时应考虑轮椅使用者所需的尺寸(120 cm×85 cm 以上),将其预留好,以免妨碍他人通行。[e]

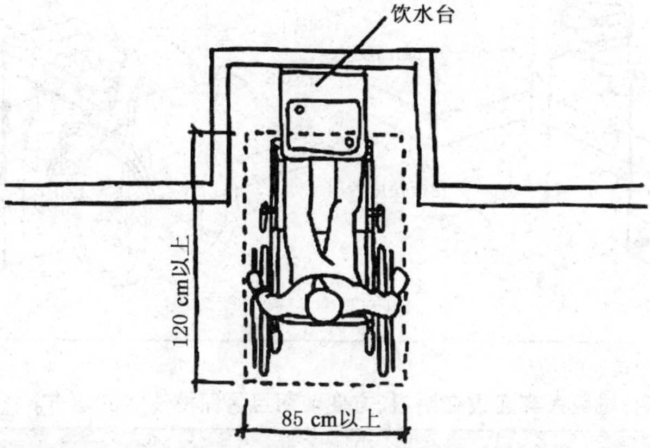

(5) 饮水台的使用说明

● **基础指南:饮水台的使用方法需简单易懂。**

◆ 重要度排序:第 53 位(平均分值 3.66 分/满分 5 分)
◆ 可选项
◆ 对"成功老龄化"的作用:提供身体层面的支援

▶ 饮水台的使用方法需易懂,操作方法需简单。
▶ 考虑到患有各类慢性疾病的老年人对进水量的需求量不同,建议将各种疾病适宜饮水量标注于饮水台。促进老年人科学饮水。
▶ 考虑到老年人对温度的感官下降,为了避免被热水烫伤,冷热水的标识一定要醒目。热水的流水量不应过大。

(6) 饮水台的高度

● **基础指南:饮水台的高度应设在即使坐在轮椅上也方便使用的高度。[e]**

◆ 重要度排序:第 20 位(平均分值 3.99 分/满分 5 分)
◆ 可选项
◆ 对"成功老龄化"的作用:提供身体层面的支援

▶ 为了使站立的老年人和坐轮椅的老年人都可以方便使用,饮水台的应满足站立老年人使用的同时,也满足使用轮椅的老人。
站立用饮水台的高度应在 80—90 cm,轮椅用饮水台的高度应为 75—85 cm。
饮水台底部需预留 65 cm,以便轮椅进出。
考虑到老年人的臂长,饮水器开关建议设在饮水台的侧面。[e]

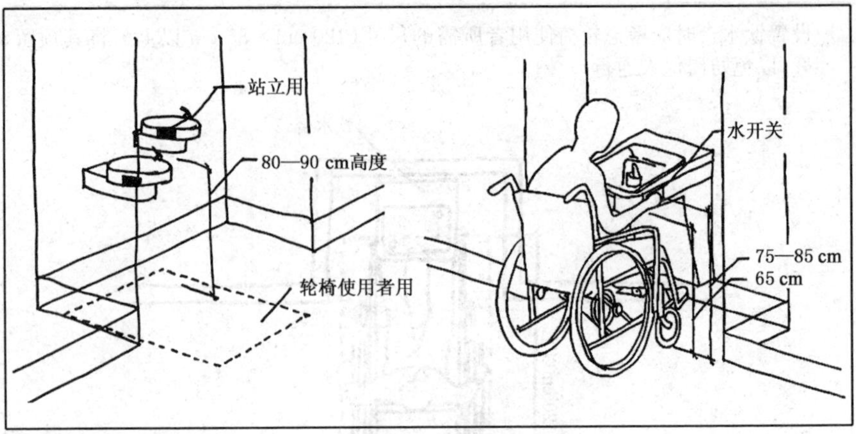

(7) 垃圾丢弃处的位置

● **基础指南:垃圾丢弃应设在明显、方便使用且易保持清洁的地方。**

◆ 重要度排序:第 34 位(平均分值 3.85 分/满分 5 分)
◆ 可选项
◆ 对"成功老龄化"的作用:提供身体、心理层面的支援

(8) 室内消防设施的位置

● **基础指南:消防设施应设置在不阻碍通行,且较为醒目的地方。**

◆ 重要度排序:第 16 位(平均分值 4.03 分/满分 5 分)
◆ 必备项
◆ 对"成功老龄化"的作用:提供身体层面的支援

(9) 标识字体

● **基础指南:标识字体应采用与背景颜色不同的颜色,使其清晰醒目。[A]**

◆ 重要度排序:第 18 位(平均分值 4.01 分/满分 5 分)
◆ 必备项
◆ 对"成功老龄化"的作用:提供身体层面的支援

▸ 标识应使用大字体、容易识别的色彩对比,为了同时满足站立的老年人和坐轮椅的老年人,应将标识设置于轮椅使用者的视觉高度处(离地面 122—132 cm 处)。[a]
▸ 为了使紧急出口的标识在浓烟聚集在上方时也能被坐轮椅的老年人识别,紧急出口的标识应使用大字体、容易识别的色彩,并设置在适合老年人视线高度处(离地面 122—132 cm 处)。[a]
▸ 应使用容易辨别各层、各空间以及现所在位置的标识来完成导视系统。[b]
▸ 层数、位置提示、避难途径等需采用识别度较高的色彩。[a]
▸ 标识的色彩计划应充分考虑老年人的视力退化现象。
(老年人的视力退化会导致对红色的识别度较高,青色被识别为绿色。)[a]

(10) 标识的补充体系

● **基础指南:需有较为成熟的标识系统以及补充系统。**

◆ 重要度排序:第 28 位(平均分值 3.91 分/满分 5 分)
◆ 可选项
◆ 对“成功老龄化”的作用:提供身体层面的支援

▶ 考虑到老年人的感官能力下降,建议设置视觉、听觉、嗅觉等多种感官并用的综合补充标识体系。
例如,用标识、植物、色彩、声音、气味等多种方式提示老年人所在位置。[a]

▶ 考虑到老年人的视觉感官退化,建议在使用文字标识的同时也使用点字,为有视觉障碍的老年人提供更好的空间体验。[e]
例如,在安全扶手的末端标注楼层数,以便老年人第一时间认知到所在位置。[e]

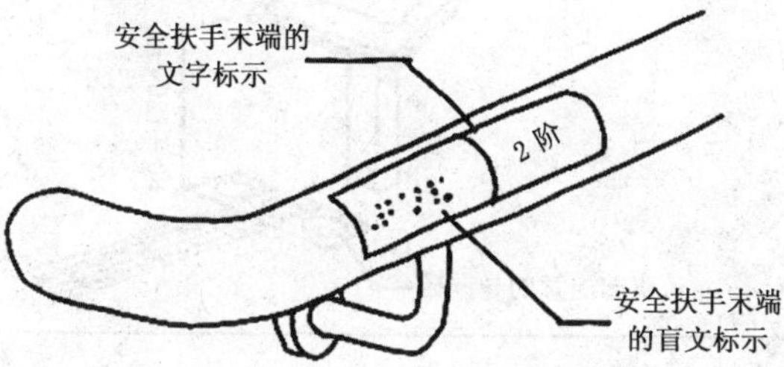

▶ 同时使用文字、语音以及点字标识来满足多种老年人的不同需求。[e]

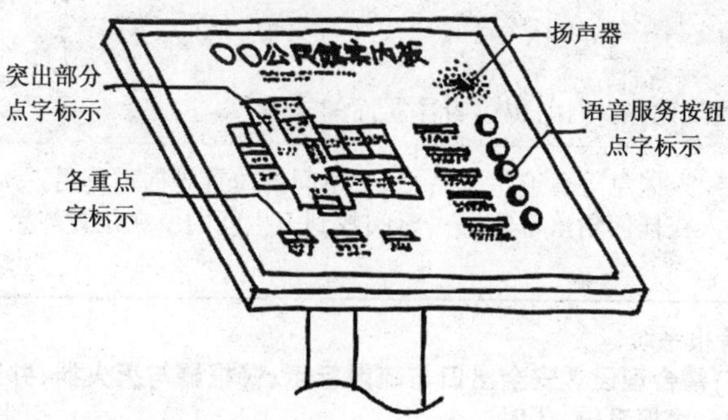

▶ 在使用传统标识模式的基础上添加触觉导向等新的标识体系。[e]

(11) 布告板的设计

● **基础指南:布告板的内容需清晰可见。**

◆ 重要度排序:第 33 位(平均分值 3.86 分/满分 5 分)
◆ 可选项
◆ 对“成功老龄化”的作用:提供身体层面的支援

▶ 照顾到老年人的视力退化情况，布告板的颜色、字体、以及字体颜色与大小，都应特殊考虑。
▶ 研究表明黑色版面、白色字体较为适合老年人。[A]
▶ 在布告板的设计中忌乱用彩色，需按照老年人的视觉特点进行色彩计划。
(老年人的视力退化导致对红色的识别度较高，青色被识别为绿色。)[a]
▶ 考虑到有视觉障碍的老年人，布告板需添加语音、点字等多样服务。[e]

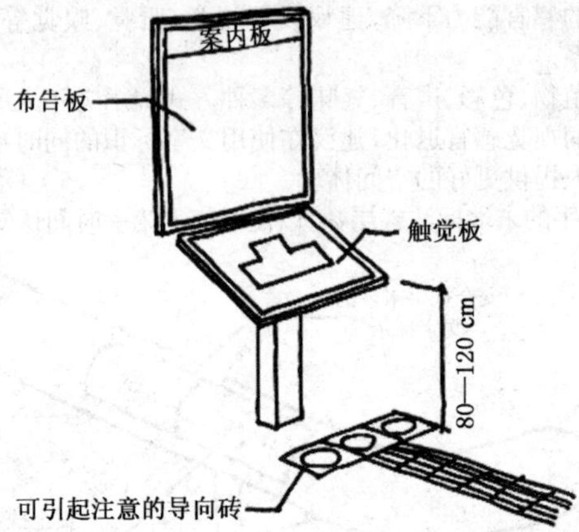

(12) 卫生间位置的导向

● **基础指南：需做好卫生间的导向设计。**

◆ 重要度排序：第 22 位(平均分值 3.97 分/满分 5 分)
◆ 可选项
◆ 对"成功老龄化"的作用：提供身体层面的支援

▶ 照顾到老年人尿急等普遍生理特征，卫生间的位置导向需醒目。
要使老年人在任何角落都能第一时间找到卫生间的所在位置与路径，[b]包括在教室内。

(13) 安全警报系统

● **基础指南：需合理设置安全出口与疏散标示、警报器与灭火器，并建立安全有效的多重安全警报系统。[B]**

◆ 重要度排序：第 1 位(平均分值 4.28 分/满分 5 分)
◆ 必备项
◆ 对"成功老龄化"的作用：提供身体层面的支援

▶ 照顾到老年人的视力或听力退化等特性，警报系统不应局限与视觉警示或警报音警示，[B]需将视听觉标识做到全面，以防部分感官功能缺损的老年人置于危险。[e]

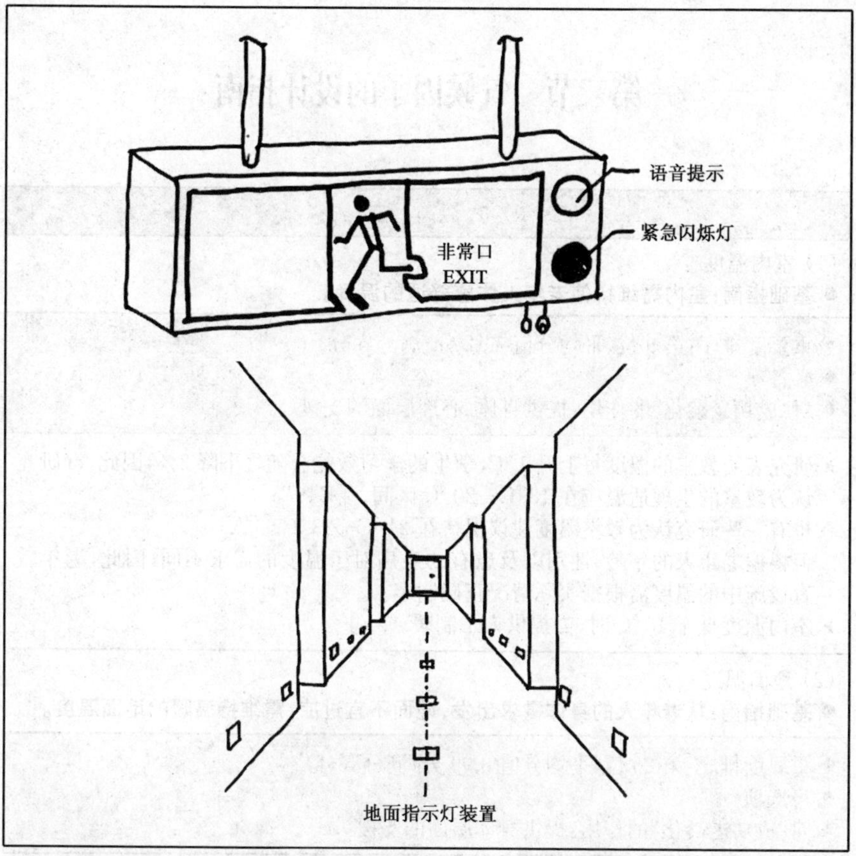

(14) 器具的使用方法说明

● **基础指南：需用清晰易懂的方式标注各个电器、家具、设备的操作方法。[b]**

◆ 重要度排序：第 35 位(平均分值 3.84 分/满分 5 分)
◆ 可选项
◆ 对“成功老龄化”的作用：提供身体、心理层面的支援

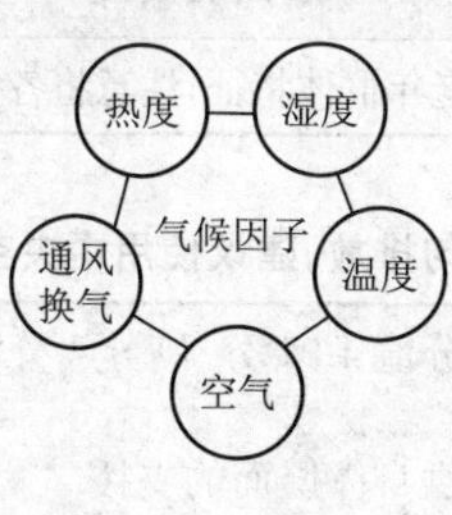

第二节 气候因子的设计指南

1. 温　　度

(1) 室内温度

● **基础指南:室内需维持使老年人体感舒适的温度。**

◆ 重要度排序:第 9 位(平均分值 4.12 分/满分 5 分)
◆ 必备项
◆ 对"成功老龄化"的作用:提供身体、心理层面的支援

▶ 研究表明教室的温度每上升 1 ℃,学生的学习效能会随之下降 2%,因此,有研究认为教室的生理适温应在 18 ℃—20 ℃区间。[E]
也有一些研究认为教室温度建议保持在 21 ℃—23 ℃。[A]
但根据老年人的年龄、性别以及患有的疾病对于温度的需求不同,因此,老年教育设施中的温度需根据实际情况正确制定。
▶ 室内温度低于 10 ℃时,需提供人工制暖。[E]

(2) 地面温度

● **基础指南:从老年人的身体需求出发,地面不宜过凉,需维持温暖的地面温度。**

◆ 重要度排序:第 20 位(平均分值 3.99 分/满分 5 分)
◆ 可选项
◆ 对"成功老龄化"的作用:提供身体层面的支援

(3) 房间之间及室内外的温度差

● **基础指南:考虑到老年人对于温度的敏感度,需注意降低室内外、各房间之间的温度差。**

◆ 重要度排序:第 20 位(平均分值 3.99 分/满分 5 分)
◆ 可选项
◆ 对"成功老龄化"的作用:提供身体层面的支援

▶ 应根据体温调节能力较弱的老年群体特征,注意将各空间之间的温度差最小化。[c]

(4) 冷・暖气种类

● **基础指南:为了冷热气的均匀排放,建议使用中央空调。**

◆ 重要度排序:第 18 位(平均分值 4.01 分/满分 5 分)
◆ 必备项
◆ 对"成功老龄化"的作用:提供身体层面的支援

▶ 为了避免局部区域温度偏高或偏低等室内空间温度不均匀的问题，建议使用中央空调，以便将所有老年人的体感温度差最小化。

(5) 冷・暖气调节

● **基础指南：冷・暖气设备应便于操作。**

◆ 重要度排序：第 38 位(平均分值 3.82 分/满分 5 分)
◆ 可选项
◆ 对“成功老龄化”的作用：提供身体层面的支援

▶ 需安装可维持一定温度(22 ℃—25 ℃)并易操作的冷・暖气系统。[a]
▶ 各空间需分别安装可单独操作的冷・暖气操作系统。[a]
▶ 温度调节器需易识别，如需要可添加用颜色或触感就容易分辨并操作的设计理念。[a]

2. 热

(1) 学生密度与热量

● **基础指南：需考虑好使用人数以及这些学生所释放的热量。**

◆ 重要度排序：第 14 位(平均分值 4.05 分/满分 5 分)
◆ 可选项
◆ 对“成功老龄化”的作用：提供身体层面的支援

▶ 为了提供适宜的室内温度，需考虑学生人数以及空间内主要活动的性质。[A][D]
▶ 必要时需限定使用人数。控制学生密度。

(2) 消除制热设备的安全隐患

● **基础指南：暖气、电热扇等制热器具应设置缓热、隔热装置，以避免烫伤。**

◆ 重要度排序：第 7 位(平均分值 4.15 分/满分 5 分)
◆ 必备项
◆ 对“成功老龄化”的作用：提供身体层面的支援

▶ 不宜使用具有安全隐患的移动式制热设备。[a]
▶ 需确认壁炉、暖气管、散热器等制热装置是否装有挡板。[a]

(3) 活动的类型及其热量的释放

● **基础指南：需考虑空间内活动类型及此类活动将产生的热量。**

◆ 重要度排序：第 36 位(平均分值 3.83 分/满分 5 分)
◆ 可选项
◆ 对“成功老龄化”的作用：提供身体层面的支援

▶ 需考虑到在特定的空间内、什么人、以什么穿着、进行什么活动。
正常情况下，一般一个成人放出的热量是 70 瓦特，在活动时会产生 100 瓦特的热量，进行激烈活动时甚至超过 100 瓦特。
因此，需考虑空间的功能及活动性质。[A]

3. 湿　　度

(1) 室内湿度

● **基础指南：设定湿度时，应考虑老年人是否患有关节炎等因素。**

◆ 重要度排序：第 8 位(平均分值 4.14 分/满分 5 分)
◆ 必备项
◆ 对“成功老龄化”的作用：提供身体层面的支援

▶ 一般情况下，学习环境的湿度建议保持在 40%—60%。[A]
▶ 但根据老年人易患有关节炎这个特性，需适当调整其湿度。

(2) 各空间的湿度需求差异

● **基础指南：需根据每个空间的功能设置所需湿度。**

◆ 重要度排序：第 30 位(平均分值 3.89 分/满分 5 分)
◆ 可选项
◆ 对“成功老龄化”的作用：提供身体层面的支援

▶ 学习环境的湿度要求为 40%—60%。处于 30%以下时，需使用加湿器。处于 80%以上时，需使用除湿器。[A]
▶ 电脑室的湿度要求为 50%。[A]
▶ 胶片储藏室湿度要求为 25%—60%，胶片幻灯机储藏室要求为 25%—40%。[A]
▶ 磁带储藏室的湿度要求为 20%—80%。[A]
▶ 音乐教育设施中的教学、练习、储藏室的湿度要求为 40%—50%。[H]

(3) 加(除)湿装置

● **基础指南：应设置根据老年人的需求可随时调整湿度的加(除)湿装置。**

◆ 重要度排序：第 25 位(平均分值 3.94 分/满分 5 分)
◆ 可选项
◆ 对“成功老龄化”的作用：提供身体层面的支援

4. 空　　气

(1) 空气质量

● **基础指南：需去除异味、保持优质的空气质量。**

◆ 重要度排序：第 2 位(平均分值 4.23 分/满分 5 分)
◆ 必备项
◆ 对“成功老龄化”的作用：提供身体、心理层面的支援

(2) 空气的流通速度

● **基础指南：应设置缓冲气流速度的挡风装置。**

◆ 重要度排序：第 24 位(平均分值 3.95 分/满分 5 分)
◆ 可选项
◆ 对“成功老龄化”的作用：提供身体层面的支援

▶ 建议教室的空气流通速度控制在每分钟 20 ft^3—40 ft^3。[A]
▶ 传统形式的教室室内气流速度(air velocity)，在活动频繁时需控制在 7.5—15 m，活动不频繁时应控制在 4.5—7.5 m。[A]

(3) 过堂风的控制

● **基础指南：需设置合适的通风路径，根据老年人的实际需求合理控制过堂风。**

◆ 重要度排序：第 25 位(平均分值 3.94 分/满分 5 分)
◆ 必备项
◆ 对“成功老龄化”的作用：提供身体层面的支援

▶ 患有风湿的老年人不适宜长期滞留于有强过堂风的空间。
因此，需根据老年人的身体状况，通过调整门窗的位置等手段设计适合老年人的通风路。

(4) 换气装置

● **基础指南：需设置自然换气装置的同时设置人工换气装置。**

◆ 重要度排序：第 13 位(平均分值 4.06 分/满分 5 分)
◆ 必备项
◆ 对“成功老龄化”的作用：提供身体层面的支援

▶ 舞蹈室、体育室等容易因强烈运动而产生体味的空间，需设置可稀释异味的通风装置。[A]

(5) 通风频率

● **基础指南：需保证适当的通风频率。**

◆ 重要度排序：第 18 位(平均分值 4.01 分/满分 5 分)
◆ 必备项
◆ 对“成功老龄化”的作用：提供身体层面的支援

▶ 一般传统教室需通过窗户通风每天 1 次至 3 次。[A]

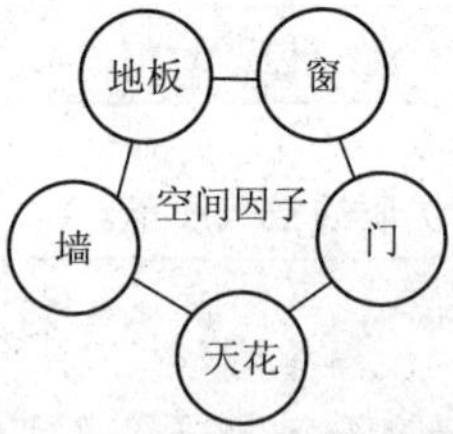

第三节　空间因子的设计指南

1. 地　　面

(1) 讲台的高度

● **基础指南:讲台的高度应考虑与老年人、讲师的视平线等高。**

◆ 重要度排序:第 30 位(平均分值 3.89 分/满分 5 分)
◆ 可选项
◆ 对"成功老龄化"的作用:提供身体、心理、社会层面的支援

(2) 去除高差

● **基础指南:需尽量避免地面的高差,以防止老年人跌伤。**

◆ 重要度排序:第 11 位(平均分值 4.08 分/满分 5 分)
◆ 必备项
◆ 对"成功老龄化"的作用:提供身体层面的支援

▶ 需尽可能去除地面高差,避免老年人被绊倒跌伤。[e]

▶ 考虑到轮椅使用者,地面高差尽可能控制在 2 cm 以下,设置缓坡时,高度应在 16 cm以下,坡度应控制在 1/8 以下。[e]

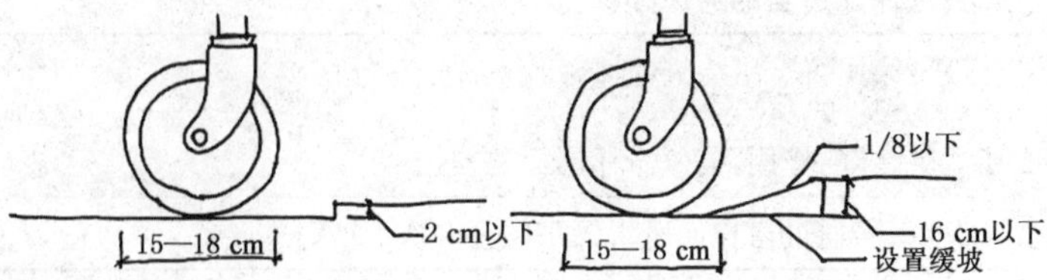

(3) 防滑

● **基础指南:需使用防滑的地面材料,以防止老年人跌伤。**

◆ 重要度排序:第 1 位(平均分值 4.28 分/满分 5 分)
◆ 必备项
◆ 对"成功老龄化"的作用:提供身体层面的支援

(4) 防止反射

● **基础指南:避免由于地面过于光滑而产生的反光。**

◆ 重要度排序:第 23 位(平均分值 3.96 分/满分 5 分)
◆ 可选项
◆ 对"成功老龄化"的作用:提供身体层面的支援

(5) 地面的弹性

● **基础指南:需尽量采用带有弹性的地面材料,辅助老年人行走。**

◆ 重要度排序:第 19 位(平均分值 4.00 分/满分 5 分)
◆ 必备项
◆ 对"成功老龄化"的作用:提供身体层面的支援

(6) 防止地面的噪音

● **基础指南:需尽量避免脚步声与家具移动时发生的噪音。**

◆ 重要度排序:第 39 位(平均分值 3.82 分/满分 5 分)
◆ 可选项
◆ 对"成功老龄化"的作用:提供身体、心理层面的支援

(7) 地面的颜色

● **基础指南:地面需使用与家具等其他物体色差较大的颜色,以防止磕碰。**

◆ 重要度排序:第 49 位(平均分值 3.72 分/满分 5 分)
◆ 可选项
◆ 对"成功老龄化"的作用:提供身体层面的支援

▶ 使用便于老年人辨别各界限的颜色。
▶ 可用不同色块的地面进行空间区分,使老年人易于分辨当前所在位置。

(8) 地面的清洁管理

● **基础指南:需使用便于清洁的地面材料。**

◆ 重要度排序:第 17 位(平均分值 4.02 分/满分 5 分)
◆ 必备项
◆ 对"成功老龄化"的作用:提供身体层面的支援

(9) 地板材料的拼接平整度

- **基础指南:地板块之间的连接需保持平整,避免老年人被翘角绊倒。**

◆ 重要度排序:第 8 位(平均分值 4.14 分/满分 5 分)
◆ 必备项
◆ 对"成功老龄化"的作用:提供身体层面的支援

(10) 地毯的表面材质

- **基础指南:地毯需选择便于轮椅移动的表面材质。**

◆ 重要度排序:第 19 位(平均分值 4.00 分/满分 5 分)
◆ 必备项
◆ 对"成功老龄化"的作用:提供身体层面的支援

(11) 地毯的固定性

- **基础指南:为防止地毯滑动,需使用背面易固定的地毯。**

◆ 重要度排序:第 15 位(平均分值 4.04 分/满分 5 分)
◆ 必备项
◆ 对"成功老龄化"的作用:提供身体层面的支援

2. 窗

(1) 窗的位置

- **基础指南:教室的窗建议设置在教室的一侧,并考虑设置适当的高度。**

◆ 重要度排序:第 57 位(平均分值 3.48 分/满分 5 分)
◆ 可选项
◆ 对"成功老龄化"的作用:提供身体、心理层面的支援

▸ 通常情况下窗的高度一般设置为离地面 100 cm 处,不超过 160 cm,不低于 90 cm。

(2) 窗的种类

- **基础指南:为了隔音,建议设置双层的窗户。**

◆ 重要度排序:第 48 位(平均分值 3.76 分/满分 5 分)
◆ 可选项
◆ 对"成功老龄化"的作用:提供身体层面的支援

(3) 窗的大小

- **基础指南:考虑到充分的日光照射,窗户的面积应大于地面面积的 15%。**

◆ 重要度排序:第 46 位(平均分值 3.76 分/满分 5 分)
◆ 可选项
◆ 对"成功老龄化"的作用:提供身体层面的支援

(4) 紧急窗口

● **基础指南:窗的高度应考虑到发生火灾时是否容易逃离。**

◆ 重要度排序:第 2 位(平均分值 4.23 分/满分 5 分)
◆ 必备项
◆ 对“成功老龄化”的作用:提供身体层面的支援

▶ 为了使老年人在火灾时方便撤离,紧急窗口的高度不宜超过 90 cm。[a]

(5) 栏杆

● **基础指南:为了防止坠落,需设置间隔适宜的栏杆。**

◆ 重要度排序:第 5 位(平均分值 4.17 分/满分 5 分)
◆ 必备项
◆ 对“成功老龄化”的作用:提供身体层面的支援

(6) 视野

● **基础指南:考虑轮椅使用者的视线高度,将窗户设置得低一些。**

◆ 重要度排序:第 39 位(平均分值 3.82 分/满分 5 分)
◆ 可选项
◆ 对“成功老龄化”的作用:提供身体、心理层面的支援

(7) 窗的开关装置的高度

● **基础指南:窗的开关装置设置在容易触碰的位置。**

◆ 重要度排序:第 26 位(平均分值 3.93 分/满分 5 分)
◆ 可选项
◆ 对“成功老龄化”的作用:提供身体层面的支援

▶ 窗的开关把手应设置在距地面 76—122 cm 的位置,以确保残障老人也容易使用。[a]

(8) 窗的开关方向

● **基础指南:使用比较省力的左右推拉式窗户。**

◆ 重要度排序:第 41 位(平均分值 3.80 分/满分 5 分)
◆ 可选项
◆ 对“成功老龄化”的作用:提供身体层面的支援

(9) 窗棂的形状

● **基础指南:窗棂的形状应避免阻挡视线。**

◆ 重要度排序:第 51 位(平均分值 3.70 分/满分 5 分)
◆ 可选项
◆ 对“成功老龄化”的作用:提供心理层面的支援

(10) 光线的可调性

● **基础指南:为防止光线刺眼,应设置房檐、窗帘、暗幕等。**

◆ 重要度排序:第 40 位(平均分值 3.81 分/满分 5 分)
◆ 可选项
◆ 对“成功老龄化”的作用:提供身体、心理层面的支援

3. 门

(1) 门的种类

● **基础指南:建议尽量使用自动门,同时设置备用手动门。**

◆ 重要度排序:第 28 位(平均分值 3.91 分/满分 5 分)
◆ 可选项
◆ 对“成功老龄化”的作用:提供身体层面的支援

▸ 如需使用平开门,需选择外开门,并预留出开门时不影响通道通行的凹形外门厅。[e]

▸ 为避免在室内跌伤的老年人无法开门求救,老年设施的门需避免使用平开门,建议使用推拉门,为了避免脚下结构复杂导致跌伤,推拉门应采用吊轨方式。[d]

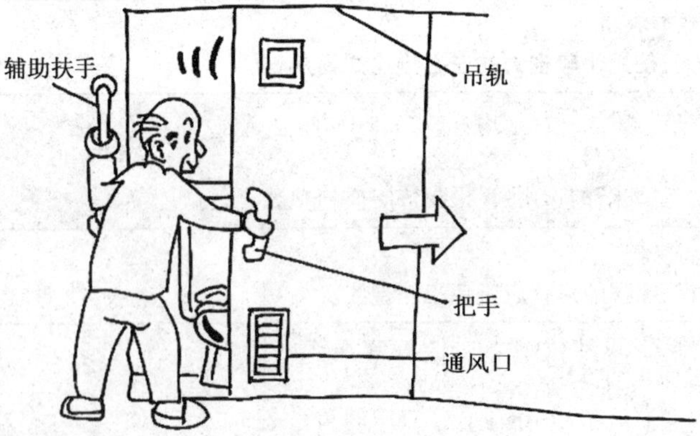

(2) 门的闭合速度

● **基础指南:门应采用缓慢的开关速度。**

◆ 重要度排序:第 22 位(平均分值 3.97 分/满分 5 分)
◆ 可选项
◆ 对"成功老龄化"的作用:提供身体层面的支援

(3) 半自动门的"开关"标示位置

● **基础指南:半自动门的"开关"标示应设置在明显、便于触碰到的位置。**

◆ 重要度排序:第 27 位(平均分值 3.92 分/满分 5 分)
◆ 可选项
◆ 对"成功老龄化"的作用:提供身体层面的支援

(4) 手动门的闭合方式

● **基础指南:手动门应易于用手或臂推拉。[a]**

◆ 重要度排序:第 31 位(平均分值 3.88 分/满分 5 分)
◆ 可选项
◆ 对"成功老龄化"的作用:提供身体层面的支援

(5) 门的位置

● **基础指南:在教室的前、后侧都应设置门。**

◆ 重要度排序:第 34 位(平均分值 3.85 分/满分 5 分)
◆ 可选项
◆ 对"成功老龄化"的作用:提供身体层面的支援

▶ 使用平开门时,需安装于开门时不影响通道通行的凹形外门厅内,不得越过墙面线处。[e]

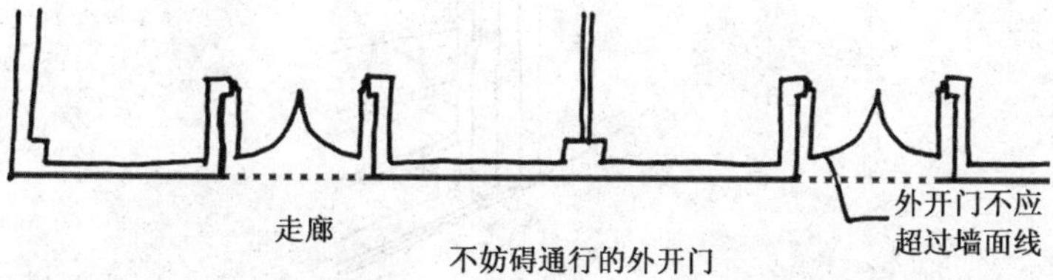

(6) 门的尺寸

● **基础指南:门的尺寸应方便轮椅顺利通过。[b]**

◆ 重要度排序:第 15 位(平均分值 4.04 分/满分 5 分)
◆ 必备项
◆ 对"成功老龄化"的作用:提供身体层面的支援

▶ 为了方便轮椅使用者,门宽需保持在 80—90 cm 以上,最低不得小于 80 cm。

▶ 设置凹形门厅时,需预留宽 45 cm+80 cm—90 cm 以上、深 90 cm 以上可供轮椅进出旋转的空间。[e]

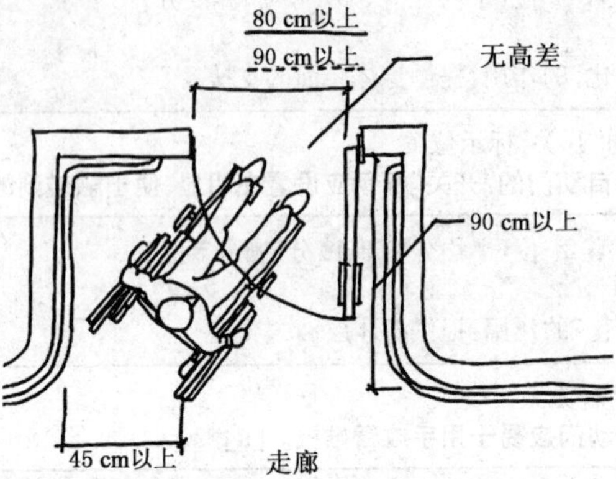

(7) 门的可视性

● **基础指南:门需要保证部分可视性。**

◆ 重要度排序:第 37 位(平均分值 3.83 分/满分 5 分)

◆ 可选项

◆ 对"成功老龄化"的作用:提供心理、社会层面的支援

▶ 为了避免突然开门时,室内外的老年人相互碰撞,可在视线高度处嵌入玻璃,确保室内外的可视性。[a]

▶ 为了第一时间发现跌伤或处于其他危险中的老年人,门需有一定可视性。[e]

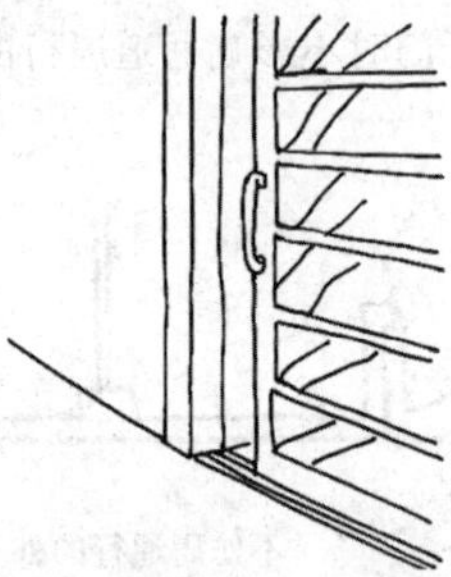

(8) 门槛的高度

● **基础指南:为防止被绊倒,应避免突出的门槛。[b]**

◆ 重要度排序:第 5 位(平均分值 4.17 分/满分 5 分)

◆ 必备项

◆ 对"成功老龄化"的作用:提供身体层面的支援

(9) 门缝的防夹手装置

● **基础指南：需在门缝处添加橡胶材质的边框，防止夹伤手指。[b]**

◆ 重要度排序：第 10 位（平均分值 4.09 分/满分 5 分）
◆ 必备项
◆ 对"成功老龄化"的作用：提供身体层面的支援

(10) 门把的形状

● **基础指南：考虑到老年人的握力不足，门把手应使用易握、易开的形状。**

◆ 重要度排序：第 26 位（平均分值 3.93 分/满分 5 分）
◆ 可选项
◆ 对"成功老龄化"的作用：提供身体层面的支援

▶ 70 岁老年人的握力是年轻人的 2/3，因此，考虑到握力的不足，老年人常用的门把应避免选用圆形。[e]

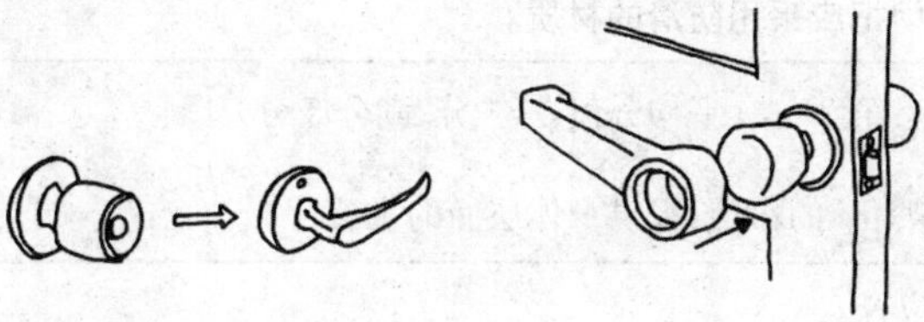

而需选用"一"字形或"L"字形。[b][d][e]

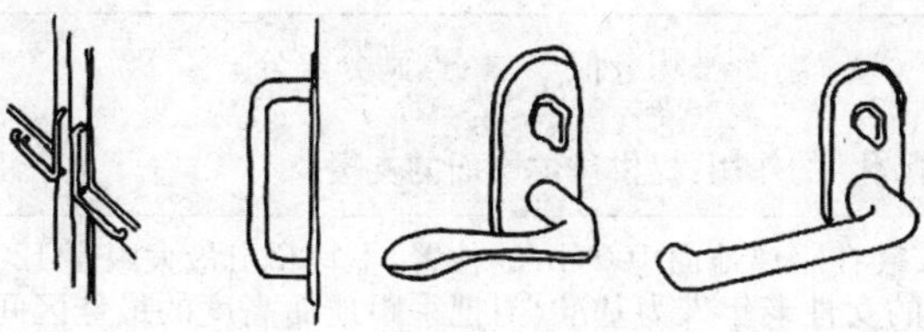

▶ 为了方便掌握，"一"字形把手建议长度为 7.5 cm 以上，直径 2.5—7.5 cm。[d]

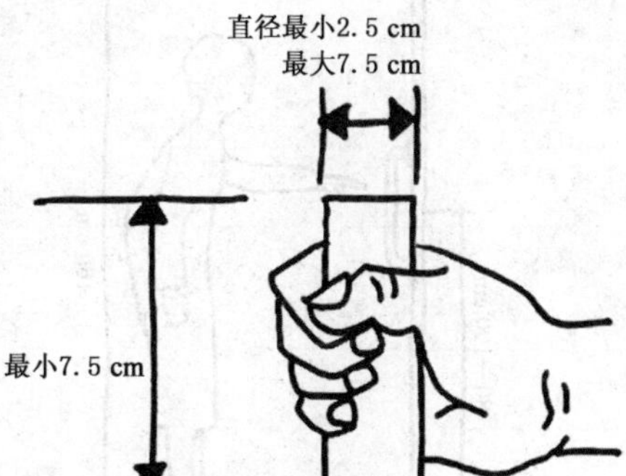

▶ 老年的身体平衡感较弱，单手力度不足，因此，为了使老年人更好的推拉，在设置门把手的同时，建议在门框上也安装可受力的把手。[d]

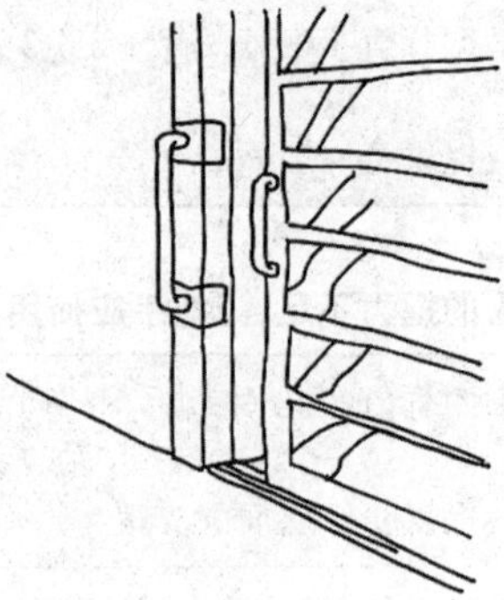

(11) 门把的材质

● **基础指南：门把应采用防滑的材质。**

◆ 重要度排序：第 35 位(平均分值 3.84 分/满分 5 分)
◆ 可选项
◆ 对“成功老龄化”的作用：提供身体层面的支援

(12) 门把的位置

● **基础指南：门把应设置在便于坐轮椅的老年人也容易接触到的位置。**

◆ 重要度排序：第 21 位(平均分值 3.98 分/满分 5 分)
◆ 可选项
◆ 对“成功老龄化”的作用：提供身体层面的支援

▶ 门把手应安装在距离地面 100 cm 的位置，不宜超出最大限度 120 cm。[a]
▶ 以 165 cm 的女性老年人为基准，门把手距地面高度的最佳区间为 80—100 cm 的位置。[e]

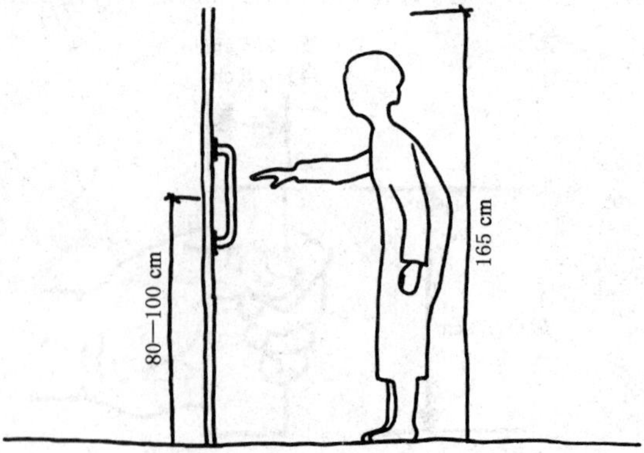

- 为了防止老年人跌倒后无法开门求救的情况发生，建议在跌倒时可使用的高度（建议距地面 30 cm 以下）安装简易门把手。
- 为了方便手握力不足的老年人用手腕或手臂开门，安装一字形门把手时，建议留出可以将手臂伸进去的距离。[e]

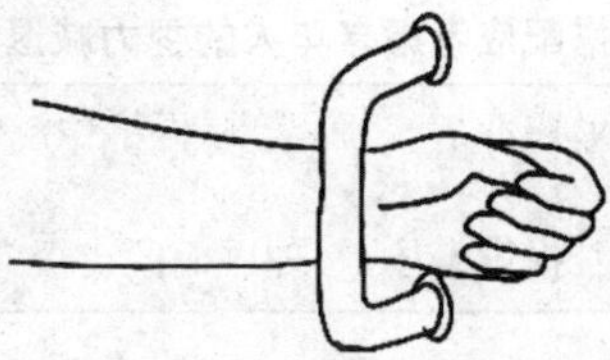

4. 墙

(1) 墙的可变性

● **基础指南：移动式墙应确保墙面的可移动性、可扩张性以及可变通性。**

◆ 重要度排序：第 43 位（平均分值 3.78 分/满分 5 分）
◆ 可选项
◆ 对“成功老龄化”的作用：提供社会层面的支援

(2) 墙壁的边角清除

● **基础指南：将墙角设计为圆弧形状，避免撞伤。[b]**

◆ 重要度排序：第 28 位（平均分值 3.91 分/满分 5 分）
◆ 可选项
◆ 对“成功老龄化”的作用：提供身体层面的支援

(3) 墙面突出物的清除

● **基础指南：为避免撞伤，应清除墙面上的突出物。[c]**

◆ 重要度排序：第 18 位（平均分值 4.01 分/满分 5 分）
◆ 必备项
◆ 对“成功老龄化”的作用：提供身体层面的支援

(4) 墙的材质

● **基础指南：应使用略有弹性的墙面材料防止撞伤。[c]**

◆ 重要度排序：第 31 位（平均分值 3.88 分/满分 5 分）
◆ 可选项
◆ 对“成功老龄化”的作用：提供身体层面的支援

(5) 墙的清洁管理

● **基础指南：使用不易变脏，且容易清洁的墙面材质。**

◆ 重要度排序:第 32 位(平均分值 3.87 分/满分 5 分)
◆ 可选项
◆ 对"成功老龄化"的作用:提供身体、心理层面的支援

(6) 墙的颜色

● **基础指南:墙面的颜色搭配应考虑老年人的视力减退情况。**

◆ 重要度排序:第 44 位(平均分值 3.77 分/满分 5 分)
◆ 可选项
◆ 对"成功老龄化"的作用:提供身体、心理层面的支援

(7) 墙的隔音功能

● **基础指南:相比单层厚墙,有一定间距的两层薄墙的隔音效果更为突出。**

◆ 重要度排序:第 44 位(平均分值 3.77 分/满分 5 分)
◆ 可选项
◆ 对"成功老龄化"的作用:提供身体、心理层面的支援

(8) 墙面可嵌入空间的预留

● **基础指南:为了存放消防设施等器具,防止老年人被其绊倒摔伤,墙面可设置可嵌入空间,但必须注意醒目易找。**

◆ 重要度排序:第 25 位(平均分值 3.94 分/满分 5 分)
◆ 可选项
◆ 对"成功老龄化"的作用:提供身体层面的支援

(9) 安全扶手的高度

● **基础指南:为满足老年人的不同身高差,建议设置双层安全扶手。**

◆ 重要度排序:第 20 位(平均分值 3.99 分/满分 5 分)
◆ 可选项
◆ 对"成功老龄化"的作用:提供身体层面的支援

▶ 安全扶手的高度根据老年人施重的部位决定,在受力部位是手的情况下,一般以 75—80 cm 为准。[d]

受力部位是肘臂时，一般以 85—90 cm 为准。[d]

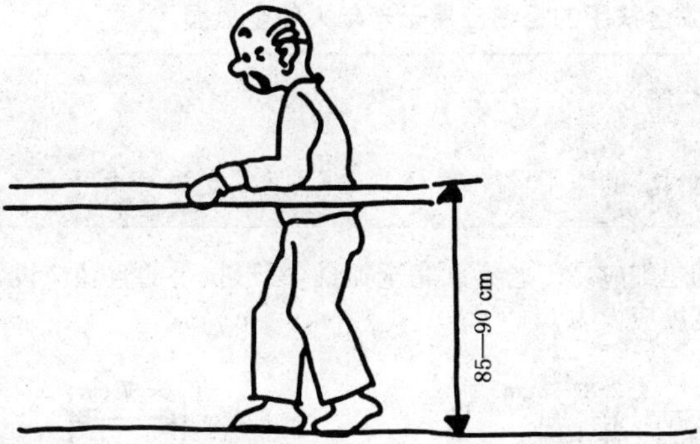

▶ 为满足不同身高的老年人，也可在 75—90 cm 区间设置双层安全扶手。[d]

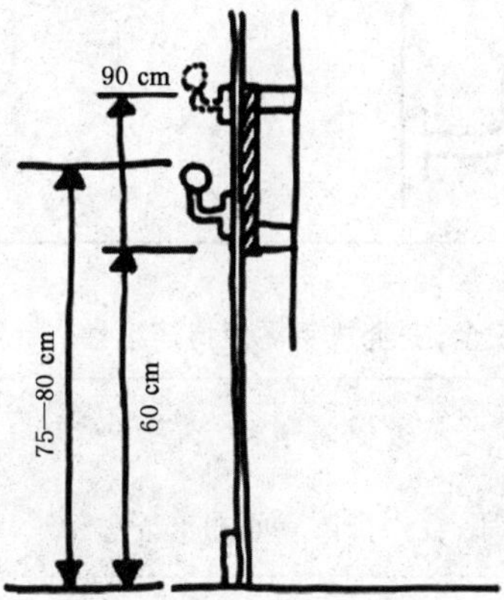

▶ 需满足不同性别的老年人。
适用于平均身高 165 cm 的女性老年人的双重安全扶手高度在 60—65 cm、75—85 cm区间。[e]

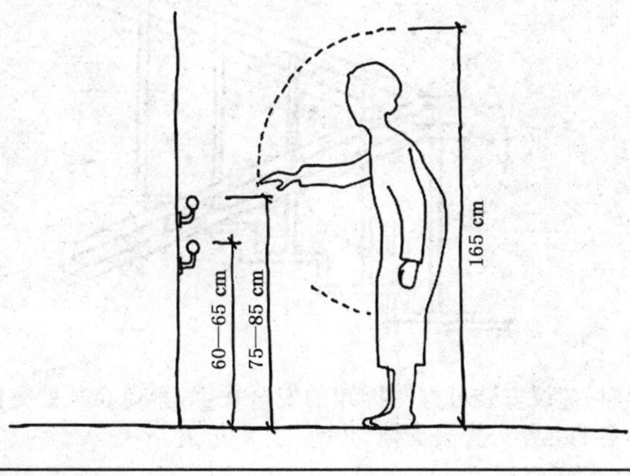

(10) 安全扶手的粗细

● **基础指南:安全扶手的粗细应易于老年人完全抓握。**

◆ 重要度排序:第 32 位(平均分值 3.87 分/满分 5 分)
◆ 可选项
◆ 对"成功老龄化"的作用:提供身体、心理层面的支援

▶ 安全扶手的粗细应易于老年人完全抓握,圆形扶手的直径应设为 2.8—4cm,平形扶手的宽度应设为 6—7 cm。[d]

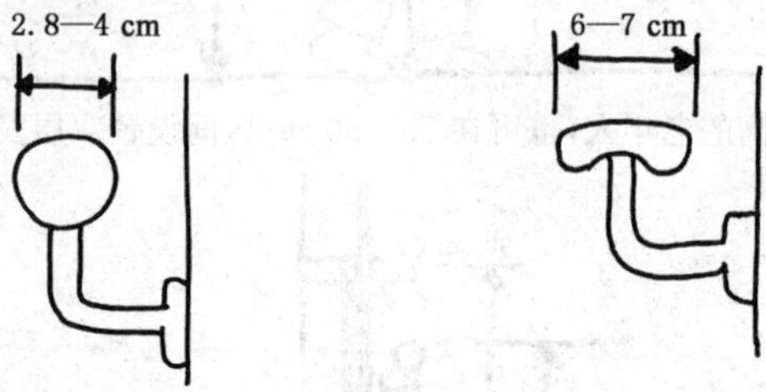

(11) 安全扶手的连续性

● **基础指南:为了保证安全,安全扶手需保持连续性。**

◆ 重要度排序:第 31 位(平均分值 3.88 分/满分 5 分)
◆ 可选项
◆ 对"成功老龄化"的作用:提供身体层面的支援

▶ 为了保证老年人的安全,安全扶手应保持连续性。[e]

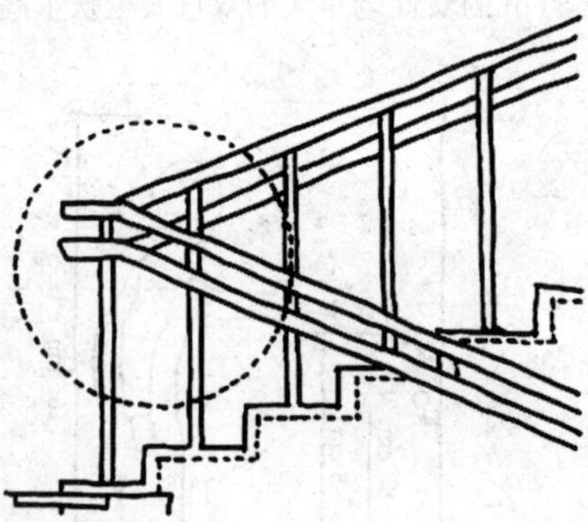

▶ 遇到消防栓时,建议安装可方便拆卸的安全扶手,避免在某处突然中断,使依靠安全扶手行走的老年人失去支撑。[e]

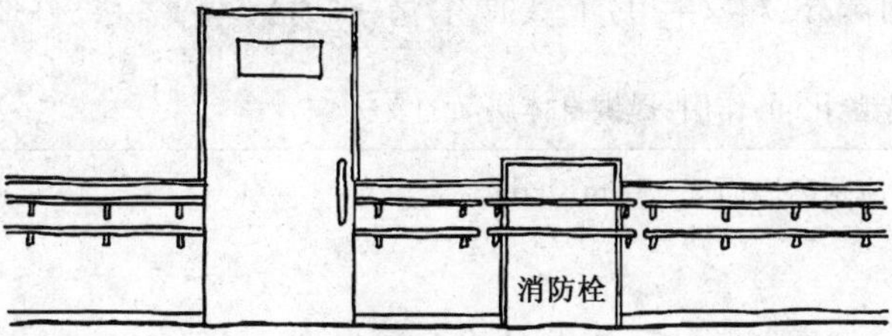

▶ 安全扶手延伸至教室门时，也需延伸到底。
并且为了方便具有视觉障碍的老年人，建议在安全扶手拐弯前予以提示。[e]

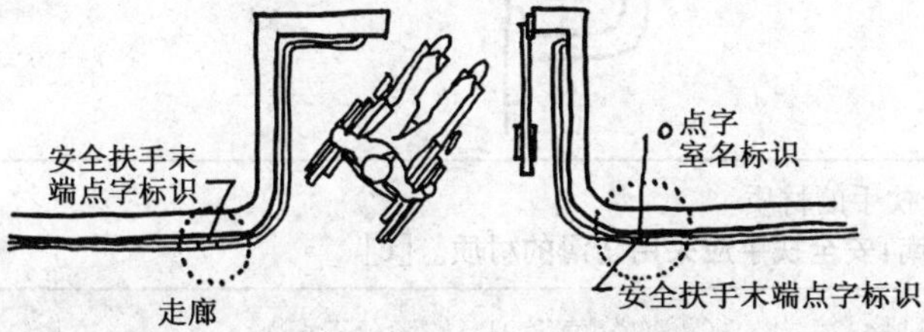

(12) 安全扶手的安全性

● **基础指南：安全扶手应足够承受老年人的体重。**

◆ 重要度排序：第 18 位(平均分值 4.01 分/满分 5 分)
◆ 必备项
◆ 对“成功老龄化”的作用：提供身体层面的支援

▶ 为了支撑老年人的体重，安全扶手内置合板厚度至少保证在 12 mm 以上。[d]

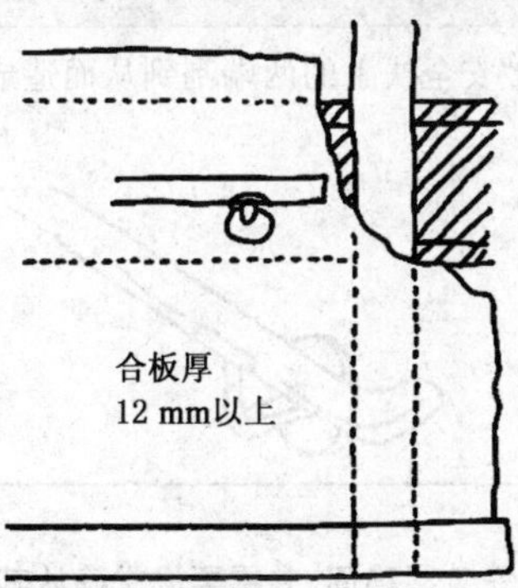

(13) 安全扶手与墙的距离

● **基础指南：为了避免使用安全扶手时，手与墙相撞摩擦，安全扶手需与墙面保持一定的距离。**

◆ 重要度排序:第 27 位(平均分值 3.92 分/满分 5 分)
◆ 可选项
◆ 对“成功老龄化”的作用:提供身体层面的支援

▶ 安全扶手应距离墙面 3—5 cm。[d]

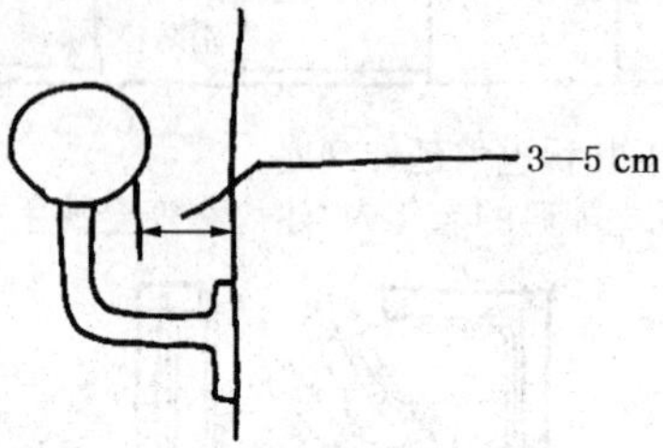

(14) 安全扶手的材质

● **基础指南:安全扶手应采用防滑的材质。[c]**

◆ 重要度排序:第 28 位(平均分值 3.91 分/满分 5 分)
◆ 可选项
◆ 对“成功老龄化”的作用:提供身体层面的支援

(15) 安全扶手的两端的形状

● **基础指南:安全扶手的两端应设计为贴墙式或下弯式。**

◆ 重要度排序:第 24 位(平均分值 3.95 分/满分 5 分)
◆ 可选项
◆ 对“成功老龄化”的作用:提供身体层面的支援

▶ 为避免老年人的衣物被安全扶手的两端刮到从而造成跌伤,安全扶手的两端应设计为贴墙或者下弯式。[d]

(16) 安全扶手的固定性

● **基础指南:安全扶手的安装需稳固,并需要经常确认其是否牢固。**

◆ 重要度排序:第 19 位(平均分值 4.00 分/满分 5 分)
◆ 必备项
◆ 对“成功老龄化”的作用:提供身体层面的支援

▶ 安全扶手的安装需稳固，内置的合板厚度需保证在 12 mm 以上。[d]

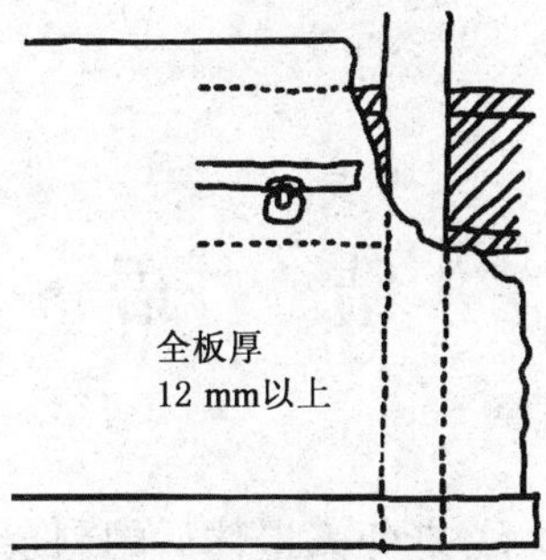

5. 天　　花

(1) 天花的种类

● **基础指南：需避免使用易造成阴影的断层式天花。**

◆ 重要度排序：第 56 位(平均分值 3.58 分/满分 5 分)
◆ 可选项
◆ 对"成功老龄化"的作用：提供身体、心理层面的支援

(2) 天花的颜色

● **基础指南：天花的颜色应与照明相呼应，并可营造温暖祥和的氛围。**

◆ 重要度排序：第 50 位(平均分值 3.71 分/满分 5 分)
◆ 可选项
◆ 对"成功老龄化"的作用：提供身体、心理层面的支援

(3) 天花的高度

● **基础指南：考虑心脏病、高血压患病老年人，层高不宜太低。**

◆ 重要度：第 50 位(平均分值 3.71 分/满分 5 分)
◆ 可选项
◆ 对"成功老龄化"的作用：提供身体、心理层面的支援

结　语

进入老龄化时代以后，老年人退休后的剩余人生几乎占据了整个人生的三分之一。然而，在知识寿命大幅缩短的社会背景和大趋势下，老年人的很多固有知识不断被新文化覆盖，甚至被社会淘汰。因此，如何塑造从社会一线退下以后的新社会角色，如何适应急速更新中的现代社会，是当今老年人个体，乃至整个老龄化社会所面临的重要课题。

在此背景下，老年教育作为帮助老年人实现自我增能，协助老年人预防与社会背离的方法之一，得到了广泛的关注。然而，迄今为止，老年人的教育需求并未得到实质性的满足。老年教育环境基本也只是作为最基础的物理工具，以最为常规的四方空间内摆放简易桌椅的教室形式呈现。当老年人的身体各项功能退化，无法适应老年学校时，这些老年人就会被定义为学习能力低下的群体，被排除于教育受益者行列，并被推入以休闲娱乐为主的纯养老模式。基于中国的传统意识，大部分老人和子女都认为"有所依"、"有所乐"才是最理想的老年生活状态，忽略了"有所学"以及"有所为"能够给老年人带来的积极影响，因而导致我国老年教育普遍存在侧重于娱乐，缺乏教育专业性的问题。对于拥有2亿以上老龄人口的中国，这无疑是一种消极的对应方法。

对此，笔者认为我们需要通过创造健康、安全、专业的老年教育环境，提高老年人的教育参与度，帮助老年人在提高自立能力的同时，使他们再次挑战社会，执行新社会角色，创造新的价值，最终实现"成功老龄化"。为了达到这一目的，笔者以老年人为主体，提取了基于老年人特性的老年教育空间设计因子,以此为基础提出了“老年教育空间设计指南”。并根据其重要程度排列出优先顺序,以供运营者根据自身需要选择性地应用该指南。

在关于“对老年教育空间设计因子的重要度评价”的具体研究中,我们发现在意识层面,大部分老人已经意识到了人到老年也需接受再教育这一现实需求,但相比老年人口的数量,老年教育的普及率还处于较低的水平。此外,对于接受老年教育的时期,很多人认为应该在 50—60 岁退休时,而参与老年教育的主要目的并非为了自我提升与自我再开发,而是为了退出职场后也有地方可去,这符合老年人想要延续社会活动的需求原理。但对于教育内容,比起为二次创造价值的技能型教育,对健康与兴趣爱好开发有关的需求更占主导位置。可见,目前我国老年人对于老年教育的主观需求与现实性客观需求间还有较大的差距。这与先进国家多数老年人所追求的老年教育样式也具有一定差异,而此差异主要源于儒家文化中的孝道文化的影响,普遍认为“享清福与被赡养是退休老人的事”,“学习和劳动是年轻人的事”。因此,笔者认为要发展高质老龄化社会,首先要引导老年人及其周边人共同改变对于理想型老后生活的意识形态。

另外,对于老年教育环境的构建层面,本研究发现与老年人相关的设计优化方案研究已经很成熟,但在教育现场的实际运用情况非常差。然而,尽管环境的提升空间很大,但大多老年使用者人群对于环境的维权意识很薄弱。很多老人将无法参与老年教育的原因归为身体状况等主观因素,对环境的阻碍因素基本不予追究。因此,笔者认为设计者应主动挖掘老年人的空间需求,并予以环境支援。

另外,本研究还发现在诸多具体环境设计因子中,最受老年用户重视的是安全方面的内容,其次是与健康及体感具有紧密关联的气候因子。

关于对空间需求的影响因素,研究结果则表明根据性别、年龄、学历、生活水平等因素,对老年教育空间的需求呈现不同程度的差异。因此在进行设计前需要了解并尊重老年群体内在差异性的设计，从而减少由于自身的相对小众性而被边缘化无法接受老年教育的老人。

本书的局限性在于其研究范围未能覆盖整个老年教育设施，虽反复强调了以使用者为中心的设计理念，但在调查样本中遗漏了老年教育空间的另外一组使用者，即老年教育现场工作者。虽提出了根据老年群体内部异质性其需求会不同的观点，但针对引发其差异的内在或背后原因并未给出详细的解释。

因此，在今后的后续研究中，需围绕以上几点不足进行进一步深层研究。并以此为前提进行具体对应式设计的同时，对老龄群体未来可能面临的问题进行科学预测，并做好环境层面上的预防式设计，以达到辅助老龄化社会高质发展的目的。

参考文献

专著

【1】Yeon-sook Lee 等:《健康住宅》,首尔:延世大学出版社 2006 年版。

【2】Hey-keong Kim:《基于“成功老龄化”的老年人健康》,首尔:Xinjong 出版社 2013 年版。

【3】Mi-hui Kim 等:《为理解老年人的老龄亲和体验馆设计及节目》,广域:全南大学出版部 2013 年版。

【4】Jung-don Kwuan:《老人福祉论》,首尔:Hak Jisa 2012 年版。

【5】I-jong Kwuan 等:《终身教育:理论篇》,首尔:教育科学社出版社 2003 年版。

【6】Mi-ja Jeon 等:《福祉设施的通用设计开发:日托中心》,首尔市厅 2011。

【7】Mi-ja Jeon 等:《福祉设施的通用设计开发:总合社会福祉馆》,首尔市厅 2011。

【8】Seon-hui Song 等:《老年教育论》,首尔:Sin Jeong 出版社 2011 年版。

【9】Jung-sik Sin:《老年设施行政论》,首尔:韩国教育行政学会 1995 年。

【10】Yeon-sook Lee:《老年住宅室内设计指南》,首尔:Kyung Chunsa 出版社 1993 年版。

【11】Hyang-san You:《(经济)教育空间与设施设备》,坡州:教育科学社出版社 1992 年版。

【12】Yeon-sook Lee:《通用设计》,首尔:延世大学出版部 2006 年版。

【13】Yeon-sook Lee:《室内环境心理形态论》,首尔:延世大学出版部 2002 年版。

【14】Hun-gu Lee:《幸福的心理学》,坡州:Beop Munsa 出版社 1997 年版。

【15】Seung-bin Im:《环境心理与人的形态》,首尔:宝文堂出版社 2007 年版。

【16】U-seok Im 等:《老人福祉论》,首尔:Sin Jeong 出版社 2012 年版。

【17】Yeong-ju Ju:《利用尖端媒体的教育环境》,首尔:Nam Du 图书 2000 年版。

【18】Jeong-ran Han:《老年教育的理解》,首尔:Hak Jisa 出版社 2005 年版。

【19】Jeong-mu Heo:《老年教育学概论》,坡州:Yang Seowon 出版社 2007 年版。

【20】Suk-ja Hong:《老年学概论》,首尔:Ha U 出版社 2010 年版。

【21】韩国室内设计学会:《老年环境设计》,首尔:Gi Mundang 出版社 2008 年版。

【22】周逸湖等:《高等学校建筑·规划与环境设计》,中国建筑工业出版社 1994 年版。

【23】史世强:《为学而年轻》,载孙建国:《中国老年教育探索实践》,科学出版社 2011 年版。

【24】刘平生:《中国老年大学的基本情况》,载孙建国:《中国老年教育探索实践》,科学出版社 2011 年版。

【25】丁玉兰:《人机工程学》(第四版),北京理工大学出版社 2011 年版。

【26】高橋儀平:高齢者・障害者に配慮の建築設計マニュアル—「福祉のまちづくり」実現に向けて—,株式会社彰国社 1996 年版。

【27】高齢者住環境研究所・バリアフリーデザイン研究会:必携実例

でわかる福祉住環境バリアフリー住宅読本[新版],三和書籍 2009 年版。

译著

【1】Bette R.Bonder, Vanina Dal Bello-Haas: *Functional performance in older adults*, Um, Ki-me 外 2 人,首尔 Youngmun 出版社 2011 年版。

【2】CEFP:《学校与设施》,Go Yeongjin 译,首尔:Hak Munsa 出版社 1994 年版。Ken Dychtwald:《健康老龄化》, Kim Suyeong 等译,首尔:Yang, Seo-won 出版社 2002 年版。Waneen W.Spirduso 等:《身体活动与老化》,Choi, Jong-hwan 译,首尔:大韩数码出版社 2006 年版。

学位论文

【1】Ju-hyeon Kim:《生产性老年的复合性:通过韩国老年人的生活世界探究老年期的紧张与适应》,韩国首尔大学研究生院 2007 年博士论文。

【2】Jong-han Pak:《影响"成功老龄化"的心理、社会、生物学决定性因子研究》,韩国岭南大学 2006 年博士学位论文。

期刊论文

【1】Jin-han Kim:《基于"成功老龄化"的教育老年学的可能性》,《体育科学研究所论文集》第 20 卷第 1 期,2001 年。

【2】In Kang:《关于"成功老龄化"的知觉研究》,《老人福祉研究合集》第 20 期,2003 年。

【3】Jung-don Kwon 等:《老年期生活满意度的影响因素》,《韩国老年学》第 20 卷第 3 期,2000 年。

【4】李洁:《老年教育理论的反思与重构——基于西方现代老龄化理论视野》,《开放教育研究》第 21 卷第 3 期,2015 年。

【5】许竞等:《我国中高龄人群学习需求及偏好调查研究——基于部分省市抽样数据》,《开放教育研究》第 23 卷第 1 期,2017 年。

【6】司荫贞:《中、美、日三国老年教育发展概况》,《开放教育研究》第2期,2001年。

【7】丁志宏:《发达国家的老年教育发展及其对我国的启示——以英、美、日三国为例》,《高等函授学报》(哲学社会科学版)2008年第9期。

【8】于平:《新文化时代的文化强市建设》,《艺术百家》2013年第4期。

研究报告书

【1】Tae-jun Kim(韩国教育开发院):《对应老龄化社会的老年教育长期发展方案研究》,2007年。

【2】Jin-il Jo 等(韩国教育开发院):《zero 能源·生态学校模型的开发研究Ⅱ》,2009年。

【3】Un-sil Choi 等(韩国教育开发院):《终身教育发展模型构想与政策开发》,2005年。

【4】韩国开发院:《先进型学校设施模型的用户参与设计指标的开发》,2010年。

【5】韩国开发院:《学校设施的设计品质指标开发研究》,2011年。

【6】韩国京畿道:《京畿道通用设计》,京畿道,2011年。

【7】中华人民共和国建设部:《中国老年建筑规范》,2006年。

网络资料

【1】中国知网(http://www.cnki.net/)。

【2】韩国教育学术信息源(http://www.riss.kr)

【3】WUJEONG 的现代老年社会学论坛(http://blog.naver.com/neolamo/200000169659)

英文资料

【1】E.W.Busse 1969. Theories of aging, In E.W.Busse & E.Pfeiffer

(Eds.), *Behavior and adaptation in later life*, Boston: Little Brown, pp.11—32.

【2】M.L.Beaver 1983. *Human Service Poractice with the Elderly*: *Englewood Cliffs*, NJ: Prentice-Hall.

【3】J.Brandtstadter & K. Rothermund 1994. Self-percepts of control in middle and later adulthood: Buffering of losses and rescaling goals, *Psychology and Aging*, 9, pp.265-273.

【4】A.Campbell 1981. *The sense of well-being in American life*: *Perceptions, evaluations and satisfactions*, NY: Russell Sage.

【5】K.Kinsella & D.R.Phillips 2005. *Global aging*: *The challenge go success*, Washington, DC: Population Reference Bureau.

【6】Sideny Sax 1993. *Aging and Public Plicy in Australia*, NSW: Allen & Unwin Australia PtyLtd.

【7】Harry R. Moody 2001. *Productive Aging and the gerontology of Old Age*.

【8】J. L. Parr 1980. *The Interaction of Person and Living Enviroment*, American Psychological Association, Washington.

附　录

问　卷

关于以健康老龄化为目的的老年教育设施设计要素筛选的调查

您好！

随着医疗科技的迅速发展，人类的寿命逐渐延长，老龄化社会也随之到来。为提高老年生活的生活质量，人们开始关注老年生活的休闲活动及生存空间。因此，老年教育也开始受到各方注目。而经过各方面的了解，现有的老年教育设施并不完善。本调查为了帮助设计出更加完善的老年教育设施，并且致力于建设有助于老年人生理、心理健康及社会关系健康的理想教育空间而进行。

调查所获得的信息只会被应用于学术研究。

感谢您的参与。

2014年6月1日

Ⅰ. 对老年教育的认识

〈以下是有关老年教育的认识的问题〉。所谓老年教育指的是为了帮助老年人适应社会,保障老年人的生活而实施的各种教育。老年教育包括各种休闲娱乐教育、健康教育、再就业教育等各种内容。

(1) 您觉得如果想达到健康老龄化(身体健康,心里适应能力强,社会活动丰富的老年状态),老年教育重要吗? ① 完全不重要　② 不重要　③ 一般　④ 重要　⑤ 非常重要

(2) 您认为什么时候开始接受老年教育比较合适?
① 40—49 岁之间　② 50—59 岁之间　③ 60—69 岁之间　④ 70—79 岁之间　⑤ 退休之后

(3) 您觉得什么时候停止老年教育比较合适?
① 行动非常方便时　② 行动稍微方便时　③ 行动有些不方便时
④ 行动非常不方便时　⑤ 直到临终

(4) 您认为步入老年之后,需要接受哪种教育?(多项选择)
① 健康教育　② 兴趣爱好教育　③ 教养教育　④ 专业教育　⑤ 再就业教育

(5) 您认为对于人们参与老年教育,哪些因素比较重要?(多项选择)
① 身体的健康状态　② 能够在老年大学学习,提高生活的适应能力　③ 能够与他们融洽相处的交际能力

(6) 您是否了解老年学校、老年教室、老年大学等老年教育机构?
① 完全不了解　② 不了解　③ 一般　④ 了解　⑤ 非常了解

(7) 您觉得老年人学习时,学习环境是否重要?
① 完全不重要　② 不重要　③ 一般　④ 重要　⑤ 非常重要

(8) 在您看来,对于人们参与老年教育,哪些外部因素非常重要?(多项选择)
① 与学校的距离　② 通勤时间　③ 交通的便利性　④ 教学内容
⑤ 学校的环境(设施条件)　⑥ 学校周边的环境　⑦ 学校老师的教学态度及管理人员的服务态度　⑧ 足够的闲暇时间　⑨ 学费
⑩ 家人的支持　⑪ 其他

Ⅱ. 老年教育空间的设计要素的重要性

A. 有关学习工具的要素

以下是有关进行老年教育的过程中会使用到的工具的问题。

您认为以下工具的设计对老年人的教育重要吗？请在选择时根据老年人的生理、心理、社会关系的特点回答。

项目	要素	编号	内容	非常不重要	不重要	一般	重要	非常重要
				①	②	③	④	⑤
屏幕	观看角度	9	屏幕设置在舒适的角度	①	②	③	④	⑤
	视野范围	10	屏幕设置在舒服的视野范围内	①	②	③	④	⑤
	与学生的距离	11	屏幕与学生的距离适当	①	②	③	④	⑤
	屏幕的高度	12	屏幕的高度以及老人的仰角适度，不会导致老人抬头看屏幕时脖子酸痛	①	②	③	④	⑤
	屏幕的大小	13	根据教室的规模设置大小适当的屏幕	①	②	③	④	⑤
音响	扬声器的类型	14	根据教室的规模、结构，天花的高度设置合适的音箱	①	②	③	④	⑤
	扬声器的音质	15	根据音效要求使用适当的音箱	①	②	③	④	⑤
	扬声器的高度	16	音箱大致设置在与学生的头部高度平行的水平线上	①	②	③	④	⑤
	扬声器的间隔	17	使用分散式音箱时，保持适当的间隔	①	②	③	④	⑤
	扬声器的大小	18	设置大小适当的音箱	①	②	③	④	⑤
	声音的方向	19	根据声音的起点处位置，教室的形态调整声音的方向（如在高度较低且长度较长的长方形教室，声音的方向尽量与其教室的对角线平行）	①	②	③	④	⑤
	消除障碍物	20	清除阻挡声音传播的物体	①	②	③	④	⑤

（续表）

项目	要素	编号	内容	非常不重要 ①	不重要 ②	一般 ③	重要 ④	非常重要 ⑤
音响	有助于声音传播的空间形态	21	有助于声音扩散的空间结构设计	①	②	③	④	⑤
家具	座位的排列方式	22	根据老年人的身体特点与学习内容的特点摆放桌椅	①	②	③	④	⑤
	过道	23	保持适合老年人及轮椅通行的过道宽度	①	②	③	④	⑤
	指定固定的座位	24	指定固定的座位，提高老人对其学校的个人情感与归属感	①	②	③	④	⑤
	考虑活动的特点	25	区分静态与动态区域，达到减少相互之间的干扰	①	②	③	④	⑤
	设置小组区域	26	设置可以不被他人打扰的单独的小组区域	①	②	③	④	⑤
	设置私人区域	27	设置可以不参与却能在旁边观看的私人区域	①	②	③	④	⑤
	设置家属区域	28	设置老人的家人来访时，可以暂时停留的区域	①	②	③	④	⑤
	轮椅专用席	29	轮椅专用席安排在没有台阶、发生灾难时容易疏散的位置	①	②	③	④	⑤
	桌椅的规格	30	根据老年人的身高指定舒适的规格的座椅	①	②	③	④	⑤
	桌椅的种类	31	同时设置舒适的休息用桌椅与学习用的正规的桌椅	①	②	③	④	⑤
	桌椅的颜色	32	桌椅的颜色使用温和的色调	①	②	③	④	⑤
	桌椅的调节	33	使用方便调节高度与角度的桌椅	①	②	③	④	⑤

（续表）

项目	要素	编号	内容	非常不重要	不重要	一般	重要	非常重要
				①	②	③	④	⑤
家具	家具的材质	34	使用柔软度适当、不滑的家具材质	①	②	③	④	⑤
	家具的安全性	35	为避免老年人跌打损伤，除去家具的棱角	①	②	③	④	⑤
	家具的位置	36	沉重并且体积大的物品置放在老人的视平线以下，把轻盈并且体积小的物品放在老人视平线以上的位置	①	②	③	④	⑤
	储物箱的位置	37	储物箱设置在便于存取的位置	①	②	③	④	⑤
	储物箱门把的形状	38	选择便于老年人使用的"一"字形储物箱门把的形状	①	②	③	④	⑤
	家具移动的便利性	39	使用方便移动的家具	①	②	③	④	⑤
	家具的清洁管理	40	使用方便清洁与保管的家具	①	②	③	④	⑤
照明	照明的种类	41	选择舒适的照明，减轻视觉疲劳	①	②	③	④	⑤
	照明的位置	42	照明设置在适当位置	①	②	③	④	⑤
	照明的颜色	42	根据学习内容与老年人的心理需求调整照明的色彩	①	②	③	④	⑤
	照明的照度	44	照明的照度调整在能看清楚但不刺眼的程度	①	②	③	④	⑤
	照明的均匀度	45	确保照明的均匀度，避免形成阴影	①	②	③	④	⑤
	调整亮度档次	46	可以根据老年人的视力老化程度以及学习内容的类型可随意调整适当的亮度	①	②	③	④	⑤
	亮度的变化	47	降低空间之间的亮度差距，以免造成视觉刺激	①	②	③	④	⑤
	照明的清洁与管理	48	选择容易更换与清洁的灯具	①	②	③	④	⑤

(续表)

项目	要素	编号	内容	非常不重要	不重要	一般	重要	非常重要
				①	②	③	④	⑤
照明	照明开关的种类	49	选择老年人也可以轻松使用的照明开关	①	②	③	④	⑤
	开关的位置	50	开关的位置设在明显、便于触碰的位置	①	②	③	④	⑤
其他	插座的位置	51	插座设置在便于接触的位置,避免设在要求弯腰幅度较大的位置	①	②	③	④	⑤
	插座的数量	52	插座数量充足,并且插座间的间隔适当	①	②	③	④	⑤
	插座的电线/连接线	53	将电线以及连接线埋入地下或地板下,避免绊倒	①	②	③	④	⑤
	饮水机的位置	54	饮水机置放在明显但不影响通行的位置	①	②	③	④	⑤
	饮水机的高度	55	饮水机应设置在即使坐在轮椅上也可以方便使用的高度	①	②	③	④	⑤
	饮水机的使用说明	56	考虑到各种老年慢性的水分需求量不同,将其适宜饮水量标注到饮水机上	①	②	③	④	⑤
	垃圾丢弃处	57	垃圾丢弃处应设在明显并且方便使用的位置,保持清洁的氛围	①	②	③	④	⑤
	家具与器材使用方法的明确性	58	清晰地标出各个家具与电器易操作的使用方法	①	②	③	④	⑤
	室内消防设施的位置	59	消防设施设置在不阻碍通行,却醒目的地方	①	②	③	④	⑤
	标识字体	60	标识字体应采用与背景颜色不同的颜色,使其清晰醒目	①	②	③	④	⑤
	标识的补充系统	61	设置视觉、听觉、嗅觉等多种感官相互补充的标识体系(例如,利用颜色、声音、味道多种感官系统提示老人所在的位置)	①	②	③	④	⑤

（续表）

项目	要素	编号	内容	非常不重要	不重要	一般	重要	非常重要
				①	②	③	④	⑤
其他	布告板	62	为了使字体清晰可见，用黑色版面、白色字体	①	②	③	④	⑤
	卫生间位置的标示	63	教室中也设有卫生间位置的指向标识，方便老年人确定卫生间的位置	①	②	③	④	⑤
	安全警报系统	64	设置安全出口与疏散标示，设置警报器与灭火器	①	②	③	④	⑤

B. 气候要素

以下是有关老年教育空间中气候要素的问题。

您认为以下气候要素的设计对老年人的教育重要吗？请在选择时根据老年人的生理、心理、社会关系的特点回答。

项目	要素	编号	内容	非常不重要	不重要	一般	重要	非常重要
				①	②	③	④	⑤
温度	维持适当的温度	65	维持使人体舒适的温度	①	②	③	④	⑤
	地面温度	66	维持温暖的地面温度	①	②	③	④	⑤
	房间之间的温度差	67	考虑到老年人对于温度的敏感度，降低室内外、各房间之间的温度差	①	②	③	④	⑤
	冷·暖气种类	68	为了冷·暖气的均匀排放，使用中央空调	①	②	③	④	⑤
	冷·暖气调节	69	冷·暖气设备应便于操作	①	②	③	④	⑤
热	学生的密度	70	限定适当的使用人数	①	②	③	④	⑤
	消除制热设备的危险性	71	暖气、电热扇等排热器具应设置相应的缓热设施，以避免烫伤	①	②	③	④	⑤
	活动的类型及产生的热量	72	考虑空间内的活动类型及此类活动将产生的热量	①	②	③	④	⑤

（续表）

项目	要 素	编号	内 容	非常不重要	不重要	一般	重要	非常重要
				①	②	③	④	⑤
湿度	适当的湿度	73	设定湿度时，应考虑老年人的关节炎等因素	①	②	③	④	⑤
	房间之间的湿度差	74	应考虑每个空间对湿度的要求不同（例如，电脑房与录像带储藏室的湿度要求不同）	①	②	③	④	⑤
	加（除）湿装置	75	设置根据老人的需求可随时调整湿度的加湿装置和除湿装置	①	②	③	④	⑤
空气	空气的质量	76	消除异味	①	②	③	④	⑤
	空气的流通速度	77	设置缓冲风速的挡风装置	①	②	③	④	⑤
	控制过堂风	78	控制过堂风，设置合适的通风路径	①	②	③	④	⑤
	换气装置	79	同时设置自然换气装置与人工换气装置	①	②	③	④	⑤
	通风频率	80	调整适当的通风频率	①	②	③	④	⑤

C. 空间要素

以下是有关老年教育空间中空间要素的问题。

您认为以下空间要素的设计对老年人的教育重要吗？请在选择时根据老年人的生理、心理、社会关系的特点回答。

项目	要 素	编号	内 容	非常不重要	不重要	一般	重要	非常重要
				①	②	③	④	⑤
地面	讲台的高度	81	讲台的高度应考虑老年人和讲师的视平线高度	①	②	③	④	⑤
	去除高差	82	尽量将台阶改为坡路，防止老年人跌伤	①	②	③	④	⑤

(续表)

项目	要素	编号	内容	非常不重要	不重要	一般	重要	非常重要
				①	②	③	④	⑤
地面	防滑	83	使用防滑的地面材料	①	②	③	④	⑤
	防止反射	84	避免由于地面过于光滑产生的反光	①	②	③	④	⑤
	地面的弹性	85	尽量采用带有弹性的地面材料，辅助老年人行走	①	②	③	④	⑤
	防止地面的噪音	86	尽量避免脚步声与家具移动时发生的噪音	①	②	③	④	⑤
	地面的颜色	87	地面使用与家具等物品颜色差距较大的颜色，方便老年人辨析	①	②	③	④	⑤
	地面的清洁管理	88	使用便于清洁的地面材料	①	②	③	④	⑤
	地板块的连接	89	地板块之间的连接需保持平整，避免绊倒	①	②	③	④	⑤
	地毯的表面材质	90	选择便于轮椅移动的表面材质	①	②	③	④	⑤
	地毯的固定性	91	为防止地毯滑动，需使用背面易固定地毯	①	②	③	④	⑤
窗	窗的位置	92	只在教室的一面设置窗户，并考虑适当的高度	①	②	③	④	⑤
	窗的种类	93	为了隔音，设置双层的窗户	①	②	③	④	⑤
	窗的大小	94	考虑到充分的日光照射，窗户的面积应大于地面面积的15%	①	②	③	④	⑤
	紧急窗口	95	窗的高度应考虑到发生火灾时是否容易逃离	①	②	③	④	⑤
	栏杆	96	为了防止坠落，设置间隔适宜的栏杆	①	②	③	④	⑤
	视野	97	考虑轮椅使用者的视线高度，将窗户设置得低一些	①	②	③	④	⑤

（续表）

项目	要素	编号	内容	非常不重要	不重要	一般	重要	非常重要
				①	②	③	④	⑤
窗	窗的开关装置与关闭装置的高度	98	窗的开关装置设置在容易触碰的位置	①	②	③	④	⑤
	窗的开关方向	99	使用比较省力的左右推拉式窗户	①	②	③	④	⑤
	窗棂的形状	100	窗棂的形状应避免阻挡视线	①	②	③	④	⑤
	光线的调节装置	101	为防止光线刺眼，应设置房檐、窗帘、暗幕	①	②	③	④	⑤
门	门的种类	102	尽量使用自动门，同时设置备用手动门	①	②	③	④	⑤
	门的开关速度	103	门应采用缓慢的开关速度	①	②	③	④	⑤
	半自动门的开关位置	104	半自动门的“开关”标示应设置在明显、便于触碰的位置	①	②	③	④	⑤
	手动门的闭合便利性	105	手动门应容易用手或臂推拉	①	②	③	④	⑤
	门的位置	106	在教室的前、后方都应设置门	①	②	③	④	⑤
	门的尺寸	107	门应方便轮椅顺利通过	①	②	③	④	⑤
	门的可视性	108	门可采用玻璃板嵌入部分的形式，避免突然开门时，室内外的老人相互碰撞	①	②	③	④	⑤
	门　槛	109	为防止被绊倒，避免突出的门槛	①	②	③	④	⑤
	防止夹手	110	在门缝上添加橡胶材质的边框，防止夹伤手指	①	②	③	④	⑤
	门把的形状	111	考虑到老年人的握力不足，门把应避免圆形，并选用“一”字形门把	①	②	③	④	⑤
	门把的材质	112	门把应采用防滑的材质	①	②	③	④	⑤
	门把的位置	113	门把应设置便于使用轮椅的老人接触的位置	①	②	③	④	⑤

（续表）

项目	要素	编号	内容	非常不重要	不重要	一般	重要	非常重要
				①	②	③	④	⑤
墙	墙的可变性	114	移动式墙应确保墙面的可移动性、可扩张性、可变通性	①	②	③	④	⑤
	消除墙壁的棱角	115	将墙角设计成圆弧形状，避免撞伤	①	②	③	④	⑤
	墙面上的突出物	116	为避免撞伤，应清除墙面上的突出物	①	②	③	④	⑤
	墙的材质	117	应使用略有弹性的墙面材料防止撞伤	①	②	③	④	⑤
	墙的清洁管理	118	使用不易变脏，并且容易清洁的墙面材质	①	②	③	④	⑤
	墙的颜色	119	墙面的颜色搭配应考虑老人的视力减退情况	①	②	③	④	⑤
	墙的隔音功能	120	相比单层厚墙，有一定间距的两层薄墙的隔音效果更为突出的特点	①	②	③	④	⑤
	墙面的可嵌入空间	121	为了存放消防设施等器具，防止老年人被其绊倒摔伤，墙面可设置可嵌入空间	①	②	③	④	⑤
	安全扶手的高度	122	为满足老年人的不同身高差，设置双层安全扶手	①	②	③	④	⑤
	安全扶手的粗细	123	安全扶手的粗细应易于老年人完全抓握	①	②	③	④	⑤
	安全扶手的连续性	124	安全扶手应保持连续性，不应在某处突然中断	①	②	③	④	⑤
	安全扶手的安全性	125	安全扶手应足够承受老人的体重	①	②	③	④	⑤
	安全扶手与墙面距离	126	为了避免使用安全扶手时手与墙相撞摩擦，需与墙面保持一定的距离	①	②	③	④	⑤

（续表）

项目	要素	编号	内　容	非常不重要 ①	不重要 ②	一般 ③	重要 ④	非常重要 ⑤
墙	安全扶手的材质	127	安全扶手应采用防滑的材质	①	②	③	④	⑤
	安全扶手的两端的形状	128	为避免老人的衣物被安全扶手的两端刮住，安全扶手的两端应设计成贴墙式或者下弯式	①	②	③	④	⑤
	安全扶手的固定性	129	应经常确认安全扶手是否牢固	①	②	③	④	⑤
天花	天花的种类	130	避免使用易造成阴影的断层式天花	①	②	③	④	⑤
	天花的颜色	131	天花的颜色应与照明相呼应，并可营造温暖祥和的氛围	①	②	③	④	⑤
	天花的高度	132	考虑心脏病、高血压患病老人，层高不宜太低	①	②	③	④	⑤

Ⅲ. 对老年教育的参与经验与参与意愿

（133）您参与过老年教育吗？

□① 没有参与过（跳过问题134、问题135，请直接从问题136开始回答）　□② 参与过（请从问题134开始回答）

（134）您参与过哪种老年教育（多项选择）

□① 健康教育　□② 休闲·兴趣爱好教育　□③ 教养教育

□④ 专业教育　□⑤ 再就业教育

（135）当您参与老年教育时，最大的困难是什么？（多项选择）

□① 身体不好　□② 教学内容太难　□③ 教学内容枯燥无趣

□④ 学习新的东西时压力比较大　□⑤ 难和其他学员打成一片

（136）现在或是将来当您步入老年的时候，您是否愿意接受老年教育？

① 完全不愿意接受　② 不怎么愿意接受　③ 不确定　④ 比较愿

意接受 ③ 一定要接受

(137) 如果将来您步入老年,您愿意参与老年学校提供的哪些服务?

□① 健康教育 □② 心理适应与防止忧郁症的教育 □③ 扩大社会关系网及增加社会活动的教育 □④ 老年再就业教育 □⑤ 其他教育

Ⅳ. 个人信息

138	性别	①男 ② 女
139	年龄	( )周岁
140	生活水平	您觉得您的生活水平属于哪个层次? □① 低层 □② 中低层 □③ 中层 □④ 中上层 □⑤ 上层
141	学历	□① 无任何学历 □② 小学毕业 □③ 初中毕业 □④高中毕业 □⑤ 大学毕业 □⑥ 硕士及以上
142	职业	□① 无职业 □② 学生 □③ 办公人员·专业人员·行政管理人员 □④ 销售·服务业从事人员 □⑤ 生产·运输·农畜产业从事人员·单纯体力劳动者 □⑥ 其他
143	领域	① 老年福利 ② 建筑·环境·设计 ③ 医疗·保健 ④ 教育→(具体领域:⑤ 老年教育 ⑥ 其他 教育

非常感谢您的配合

后　记

本书是关于老年教育空间设计的书籍。回想当初选择这样一个小众的主题，其初衷源于我的母亲。

母亲出生在1955年，贫困、婴儿潮、重男轻女、“文化大革命”、“红卫兵”、生产队、“大锅饭”、改革开放、下岗、自学，这些是贯穿母亲那一代人的主要关键词。在主要学龄期赶上“文化大革命”，家属受到牵连，没能如愿接受到所谓的正规教育，是母亲毕生的遗憾。母亲是聪慧的，由于文化体制的限制，一生都在自学各种知识与手艺。尽管母亲懂得远比我们多，但文化教育的缺失导致她极度缺乏自信心。尤其近年来，信息技术的快速发展及数码技术的广泛应用，更是使她自觉无用与落后。为了能够帮助母亲摆脱这种心理障碍，家人都劝母亲去上老年大学，参与老年教育。然而，当母亲踏进老年大学，却发现老年大学的教育内容无法满足母亲的求学需求。她想学习使用电脑、学习专业写作或其他有助于她适应新时代的课程，而当时的老年大学针对女性老年人只开设了舞蹈与合唱等娱乐性课程。加上老年大学设施中存在很多安全隐患，考虑到母亲的健康状态，我们最终放弃了送妈妈上老年大学的决定。由于老年教育课程的不完善，以及老年教育空间的非人性化设计，母亲又一次失去了享受教育福利的机会，失去了能够建立老年期的新目标，努力提升自我，扩大社交圈，找回自信心，开心充实地度过老年生活的机会。

后来，母亲在家人的帮助下，再一次开始自学，自学电脑，自学写作，最终母亲在她订阅了一辈子的杂志上，共发表了6篇文章，讲述了她们那一代的故事。尽管如此，母亲始终没能建立一个属于她的社交圈，仍然没有摆脱由于没能上学而导致的自卑感。现在，母亲身体状况逐渐恶化，家里的书房以及当前的普通电脑等物理条件已经无法给予母亲一个良好的老年人写作环境。

母亲的经历，使我深刻认识到了当代中国老年教育的重要性，老年教育需求的多样性，以及环境支持的重要性。我从母亲身上看到了老年人对文化的渴望，对文化缺失的遗憾，对衰老的无奈、沮丧、无力等多种情感，这是我决定参与老年教育空间设计研究的最主要的原因及动力。而这本书，是踏入这一领域的第一步。由于学识与精力的不足，自知其完满度并不高，但这是我为母亲搬好的第一块砖，我将虔诚地把这本书献给我国老年教育工作人员以及老年教育环境设计人员，盼望读者从中获得启发，并共同努力进行深入研究，为改变我国千千万万个母亲的老年教育环境而做些力所能及的事。

若见书中任何不妥或谬误，敬请各位读者不吝批评和指正，为我的升级版一同努力。我的电子邮件地址：39470700@qq.com。

本书与我的博士学位论文的部分内容重合。本书承教韩国延世大学室内建筑专业老年心理与形态研究室 Yeon-sook Lee 教授的指导。感谢在写作过程中给予帮助的各位老师、友人以及父亲，没有他们一直以来的支持与付出，本书难以面世。

作为在老年教育环境设计领域的一次开端性的、阶段性的努力结果，本书尚需持续的扩展、深化和更新。鉴于不同社会背景下对老年生活的向往不同，本书犹需更多结合我国老年人的实际情况，深入了解并区分其主观需求及客观需求，予以环境层面的支持，并为给老年人创造更加美好的老年生活而提供理论及实践性技术支持。

郑 华

图书在版编目(CIP)数据

老年教育空间设计指南:基于"成功老龄化理论"/
郑华著.—上海:上海人民出版社,2017
ISBN 978-7-208-14797-3

Ⅰ.①老… Ⅱ.①郑… Ⅲ.①老年教育-中国-指南
Ⅳ.①G777-62

中国版本图书馆CIP数据核字(2017)第232074号

责任编辑 徐晓明
封面设计 XIAO YANG 工作室
插　　画 宣姝怡

老年教育空间设计指南
——基于"成功老龄化理论"
郑 华 著
世 纪 出 版 集 团
上海人民出版社出版
(200001 上海福建中路193号 www.ewen.co)
世纪出版集团发行中心发行　常熟市新骅印刷有限公司印刷
开本 635×965 1/16 印张 11.5 插页 2 字数 160,000
2017年9月第1版 2017年9月第1次印刷
ISBN 978-7-208-14797-3/G·1869
定价 38.00元